超図解

「財務3表のつながり」で見えてくる会計の勘所

決算書と経営の関係が面白いほど頭に入る

國貞克則

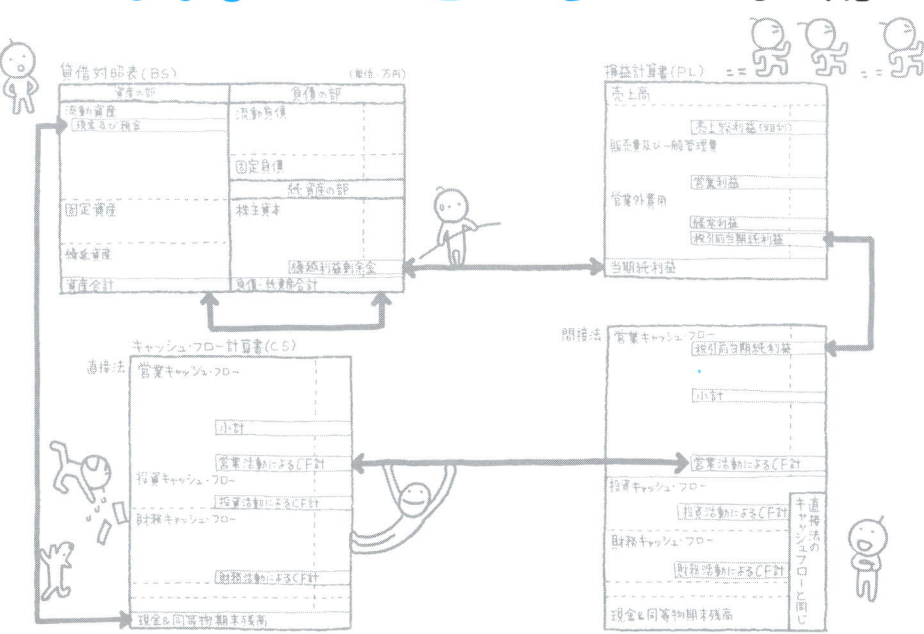

はじめに ──どうすれば、会計の苦手意識を克服できるのか

　何度も会計の勉強を始めては挫折してしまう人や、「会計はどうもわかりにくそう……」と思っている人は、思いのほか多いのではないでしょうか。
　私たちのように会計の専門家ではない人間が会計を勉強する場合、借方・貸方といった簿記・仕訳のルールや、売掛金・受取手形といった勘定科目についての勉強から入ると、会計の勉強はすぐにイヤになってしまいます。
　また、多くの会計の本では財務3表といわれる**損益計算書（PL）、貸借対照表（BS）、キャッシュフロー計算書（CS）**の構造を説明したあと、流動比率や固定長期適合率といった財務分析指標の説明に入りますが、会計の基本的な仕組みがわかっていない人にとっては、説明しているそれぞれの項目は理解できても、会計の全体像がつかめず、なんとなくしっくりこない感じがするのではないでしょうか。
　こう書いている私自身、会計の専門家ではありませんので、いままで何冊会計の本を読んでも、何度会計の研修を受講しても、自信を持って会計を専門とする人たちと話をするまでにはなかなかなれませんでした。
　私たち会計の専門家ではない人間が会計に対する苦手意識やアレルギーをなくすためには、会計の細部から入って全体像を理解していくといういままでの会計の勉強法ではなく、まず会計の全体像をつかみ、会計の基本的な仕組みだけをキッチリ押さえる勉強法のほうがはるかに有効だと思います。
　私たちは経理部門で働くことを目的としているわけではありません。経理部門で働く人は自分でPLやBSを作らなければなりませんから、PLとBSを作るためのルールである簿記・仕訳の知識はもちろん不可欠です。しか

し私たち会計の専門家でない人間は、財務3表を作る必要はありません。財務3表が読めればいいのです。

そういう人たちは、**簿記・仕訳の細かいルールを覚える必要はありません**。会計の基本的な仕組みと全体像がわかっていれば、それでいいのです。

私は会計については、この本の中に書いてあるだけの知識しか持っていません。簿記・仕訳の細かいルールはほとんど知りません。でも、この本の中に書いてある会計の知識だけで、財務3表から会社のおおよその事業実態をつかみ、M&Aの交渉を行ない、事業再生のお手伝いをしてきました。

私は会計の専門家ではない人たちのために、会計の基本的な仕組みと全体像が効率的に理解できる、まったく新しい会計の勉強法を開発しました。そのポイントは、財務3表を一体で理解していく方法です。

この方法は、私の顧問先の、簿記・仕訳を知らない社長さんに、「どうしたら会計の基本がわかってもらえるか」と考えていて思いついたものです。その後、この勉強法で企業幹部向けの会計研修を行なうようになり、いまでは日経ビジネススクール、六本木ヒルズのビジネススクールであるアカデミーヒルズ、日本通運と日経BP社が共同開催している汐留塾、みずほ総合研究所などでオープンセミナーを開催しています。

どの研修でも多くの方が、本当にスッキリしたという面持ちで帰っていかれます。「私は『目からウロコが落ちた』という表現をあまり使わないのですが、今日はまさにそういう気分でした」とか「いままで何冊も会計の本を読んできましたが、今日やっと会計の全体像がつかめたような気がしました」といった、ありがたいコメントをたくさんいただきます。

では前置きはこれくらいにして、さっそく新しい勉強法で会計の勉強を始めていきましょう。

超図解財務3表　も　く　じ

はじめに──どうすれば、会計の苦手意識を克服できるのか

PART 1　会計の基本的な仕組みを理解しよう

01　そもそも財務3表は何のためにあるのか? …… 10
　　図表 1-1　財務3表は何を表しているか

02　なぜ会社は家計簿のような収支計算書を使わないのか? …… 13
　　図表 1-2　PLを収支計算書の感覚で見てはならない

03　収支計算書と複式簿記の帳簿はいったい何が違うのか? …… 15
　　図表 1-3　PLとBSの関係
　　図表 1-4　複式簿記の仕訳

04　損益計算書(PL)の5つの「利益」とは何か? …… 19
　　図表 1-5　損益計算書(PL)
　　図表 1-6　3つの収益と5つの費用

05　貸借対照表(BS)はなぜ左右がバランスするのか? …… 26
　　図表 1-7　貸借対照表(BS)

図表1-8　PLとBSの時系列的なつながり

06 「債務超過」とは会社が
どんな状態になっていることか？ …… 31
図表1-9　貸借対照表（BS）を図にしてみよう

07 「勘定合って銭足らず」とはどういう意味か？ …… 35
図表1-10　PLの利益と現金の関係

08 キャッシュフロー計算書(CS)では何を見ているのか？ …… 39
図表1-11　キャッシュフロー計算書（CS）

09 PLとBSからキャッシュフローを
計算するにはどうすればよいか？ …… 42
図表1-12　直接法と間接法

10 会計を理解するには簿記を勉強するしかないのか？ …… 45
図表1-13　新しい会計の勉強法

PART 2　これがわかれば会計の全体像が見えてくる

01 PL、BS、CSはどうつながっているのか？ …… 50
図表2-1　財務3表の5つのつながり

02 会社を設立して銀行から借入をすると PLに変化はあるか？ 54

図表 2-2　資本金 50 万円で会社を設立するとこうなる！
図表 2-3　運転資金 200 万円を借入するとこうなる！

03 事務用品の購入とコンピュータの購入では会計上何が違うのか？ 58

図表 2-4　事務用品 10 万円分を現金で購入するとこうなる！
図表 2-5　コンピュータ 40 万円分を現金で購入するとこうなる！

04 現金で商品を仕入れて現金で販売すると、財務3表のどこが動く？ 62

図表 2-6　商品 30 万円分を現金で仕入れ、
　　　　　60 万円を販売するとこうなる！

05 買掛で商品を仕入れて売掛で販売しても現金は動かない。さあ財務3表はどうなる？ 64

図表 2-7　商品 200 万円分を買掛で仕入れ、
　　　　　400 万円を売掛で販売するとこうなる！

06 「買掛金を支払い売掛金を回収しても、PLは変化しない」とはどういうこと？ 68

図表 2-8　買掛で仕入れていた商品代金 200 万円の
　　　　　支払いをするとこうなる！
図表 2-9　売掛金 400 万円のうち
　　　　　300 万円を回収するとこうなる！

07 借入金の元金の支払額は、PLのどこに表れるのか？ 74

図表 2-10　短期借入金 200 万円の返済と
　　　　　 利息 10 万円の支払いをするとこうなる！

08 費用なのに資産になる？
「繰延資産」とは、たとえばどんなものか …… 78
　図表 2-11　創立費 30 万円の計上をするとこうなる！

09 「棚卸しによる在庫認識でその期の利益が増える」とは
どういうことか？ …… 80
　図表 2-12　売上原価の計算
　図表 2-13　棚卸しによる在庫 10 万円分を認識するとこうなる！

10 「費用計上しても現金が出ていかない費用」とは
何のこと？ …… 84
　図表 2-14　減価償却の考え方
　図表 2-15　減価償却費 10 万円分を計上するとこうなる！

11 法人税の額は、どうやって決めるのか？ …… 88
　図表 2-16　税金について
　図表 2-17　法人税等 80 万円を計上するとこうなる！

12 配当金は、財務 3 表のどこに表れるのか？ …… 92
　図表 2-18　会社法施行による財務諸表の変化
　図表 2-19　配当及び株主資本の変動について
　図表 2-20　配当金 50 万円、利益準備金 5 万円、
　　　　　　任意積立金 45 万円の処理をするとこうなる！

13 「株主資本等変動計算書」とは、いったい何だ？ …… 100
　図表 2-21　会社法施行による財務諸表の変化
　図表 2-22　株主資本等変動計算書（縦形式）
　図表 2-23　会社法施行前の利益処分案と
　　　　　　施行後の株主資本等変動計算書の違い

PART 3 財務3表から会社の様子をつかもう

01 財務3表からざっくりと会社の様子をつかむ …… 108

02 PLの5つの利益から会社の特徴がわかる …… 110

03 BSを図にすれば、会社の状態は一目瞭然 …… 113
  - 図表3-1　BS「純資産の部」の自己資本
  - 図表3-2　自己資本比率はどれくらいか？
  - 図表3-3　BSの左右を比較するポイント

04 CSから会社の戦略的立ち位置が見えてくる …… 121
  - 図表3-4　キャッシュフロー計算書（CS）のパターンで会社の状況が推測できる

05 あなたの会社の財務状態を、産業別の標準財務指標と比較すると…… …… 123
  - 図表3-5　全産業（1315社）5年間時系列表
  - 図表3-6　産業別1社平均実額表（2005年）
  - 図表3-7　PLとBSの大きさを図で把握する

06 もし、あなたが投資家だったらどこを見ますか？ …… 128
  ──投下資本に対する収益性

07 債権者（金融機関）はあなたの会社の何を見ているのでしょうか？ …… 130
  ──債権の回収可能性

08 実在の会社で財務3表を比べてみよう …… 131
- 図表3-8　ローソンとドン・キホーテの売上高
- 図表3-9　ローソンとドン・キホーテの比較
- 図表3-10　ローソンとドン・キホーテのＣＳ比較
- 図表3-11　ローソンとドン・キホーテの成長比較

09 経営改善のための視点①
──自己資本比率の改善と経営効率の改善 …… 140

10 経営改善のための視点②
──粉飾決算を見破り与信管理をしっかりやる …… 147
- 図表3-12　利益の水増しはすぐにわかる！
- 図表3-13　ＢＳのここを見れば粉飾が見抜ける！
- 図表3-14　利益を増やす方法（費用計上か、資産計上か）

11 経営改善のための視点③
──事業再生とＭ＆Ａで重視されるキャッシュフロー …… 154

12 経営改善のための視点④
──経営のどこをどう変えると財務3表はどう変わるか？ …… 159
- 図表3-15　経営改善シミュレーションの例
- 図表3-16　財務分析指標一覧

13 財務3表に表れないけれど大事なものとは何か？ …… 165

あとがき …… 166

巻末資料　ローソン有価証券報告書 …… 168
　　　　　ドン・キホーテ有価証券報告書 …… 177

PART

1

会計の基本的な
仕組みを理解しよう

会社は、「お金を集めて」「何かに投資し」「利益を上げる」
という活動をしています。
この活動を数字で表したものが、
損益計算書（PL）、貸借対照表（BS）、
キャッシュフロー計算書（CS）という財務3表になります。
財務3表の特徴を見ていきましょう。

PART 1 01 そもそも財務3表は何のためにあるのか？

そもそも、財務3表——**損益計算書（PL）、貸借対照表（BS）、キャッシュフロー計算書（CS）**というものは何のためにあるのでしょうか。財務3表は、会社の状況を外部の人に正しく知らせるためにあります。つまり、財務3表を使って会社の状況を知らせるということなのですが、では会社の何を知らせればよいのでしょうか。

会社が行なっている基本活動は、どんなに業種が違おうとどの会社も同じです。それは、**「お金を集めて」「何かに投資し」「利益を上げる」という3つの活動**です。この3つの基本活動を、財務3表を使って説明しているのです。

一般のビジネスパーソンは「お金を集める」というところにはあまりかかわっていませんからピンとこないかもしれませんが、会社は資本家や銀行からお金を集めて事業をスタートします。

製造業は集めたお金を工場に投資し、工場で生産した製品を販売して利益を上げます。商社は販売する商品に投資し、それを売って利益を上げます。私のようなコンサルタント業は事業のスタートに当たってあまり多くのお金を必要としませんが、事務所にはコンピュータもありますしFAXもあります。これらの事務機器にお金を投資し、それらを使って利益を上げているのです。

図表1-1は、財務3表が何を表しているかを示したものです。

まず**貸借対照表（BS）**ですが、BSが右側と左側の部分に分かれていることは皆さんご存知でしょう。ここでは、右側が「どのようにお金を集めてきたか」を、左側が「その集めてきたお金を何に投資しているか」を表しています。

そして**損益計算書（PL）**が、「どのくらい利益を上げているか」を表し

図表1-1　財務3表は何を表しているか

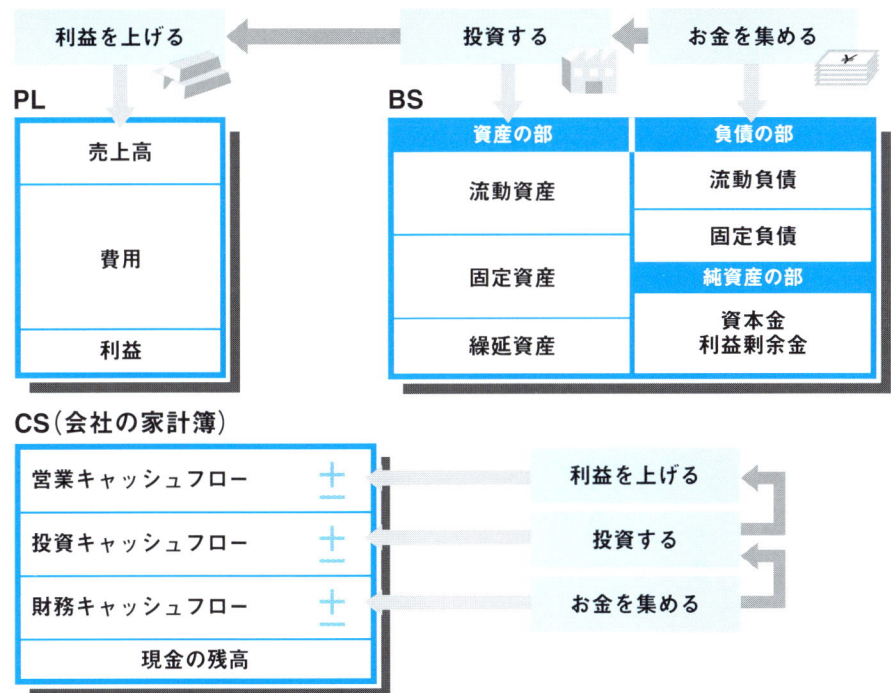

ているのです。

　キャッシュフロー計算書（CS）は、会社の現金の動きを表す「会社の家計簿」のようなものです。その中身は3つの欄に分かれています。上から「営業活動によるキャッシュフロー（営業キャッシュフロー）」「投資活動によるキャッシュフロー（投資キャッシュフロー）」「財務活動によるキャッ

シュフロー（財務キャッシュフロー）」です。

　そしてこのＣＳも、「財務キャッシュフロー」が「お金を集める」、「投資キャッシュフロー」が「投資する」、「営業キャッシュフロー」が「利益を上げる」という、会社の３つの基本活動を「現金の動き」という観点から説明したものなのです。

PART 1-02 なぜ会社は家計簿のような収支計算書を使わないのか?

では、なぜ会社の状況だけが財務3表を使って表されるのでしょうか。

私たちが日常生活で目にするお金に関する表はそのほとんどが収支計算書です。収支計算書は読んで字のごとく、収入と支出、そしてその差し引きである残高を表したわかりやすい表です。図表1−2のように同窓会も町内会も多くの自治体も、その団体のお金の状況はふつう収支計算書で表されます。家計簿も収支計算書ですね。

なぜ、この収支計算書で会社の状況を表さないのでしょう。

それは、残念ながら収支計算書だけでは、社外の人がその会社について知

図表1-2　PLを収支計算書の感覚で見てはならない

お金の「入り」と「出」を表す表

家計簿　（単位:円）

収入		
お父さんの給料		400,000
お母さんのパート代		100,000
	収入合計	500,000
支出		
食費		70,000
日用雑貨		20,000
水道光熱費		20,000
ガソリン代		10,000
通信費		30,000
教育費		70,000
交際費		30,000
お父さんの小遣い		30,000
生命保険料		20,000
住宅ローンの支払い		150,000
税金		30,000
	支出合計	480,000
残高		**20,000**

自治会収支計算書　（単位:円）

収入		
自治会費		500,000
預金利息		50
	収入合計	500,050
支出		
文具		10,000
広報費		5,000
会議費		50,000
美化運動		100,000
市民体育祭		100,000
防災・防犯活動		20,000
区長活動費		30,000
備品購入費		100,000
弔慰金		20,000
	支出合計	435,000
収支残高		**65,050**

りたい「**お金を集めて**」「**何かに投資し**」「**利益を上げる**」という、会社の3つの**基本活動**を正しく表せないからなのです。

収支計算書の1つである家計簿を例にとって説明してみましょう。

家計簿には住宅ローンの支払額が支出の項目に載ってはいますが、住宅ローンの支払額だけでは「その家庭がどのくらいの規模の住宅を保有していて、どれくらいの額の住宅ローンを抱えているか」はわかりません。つまり「1億円の邸宅を持っていて7000万円の住宅ローンを35年の返済期間で支払っているのか」、そうではなくて「3000万円のマンションを保有していて、2000万円の住宅ローンを10年で支払っているのか」までは家計簿ではわからないということです。

これと同じように、「**いま現在、その会社がどれだけの資産を持っていて、どれくらいの借金があるか**」は、収支計算書だけでは**説明することができない**のです。会社の状況を表すのに収支計算書を使わないのは、そういう理由があるからです。

PART 1-03 収支計算書と複式簿記の帳簿はいったい何が違うのか？

そこで現れたのが複式簿記というものです。簿記とは、帳簿に記帳するという意味です。収支計算書は複式簿記で作られていませんので、1つの取引を現金の動きという側面でしかとらえていません。

ところが複式簿記では、1つの取引を2つの側面でとらえて（つまり複式）、帳簿に記帳していきます。

具体的にもう少し詳しくいうと、2つの側面から1つの取引をとらえて、それを図表1-3のように「資産」「負債」「純資産」「収益」「費用」の5つに分類して記帳していくのです。

図表1-3　PLとBSの関係

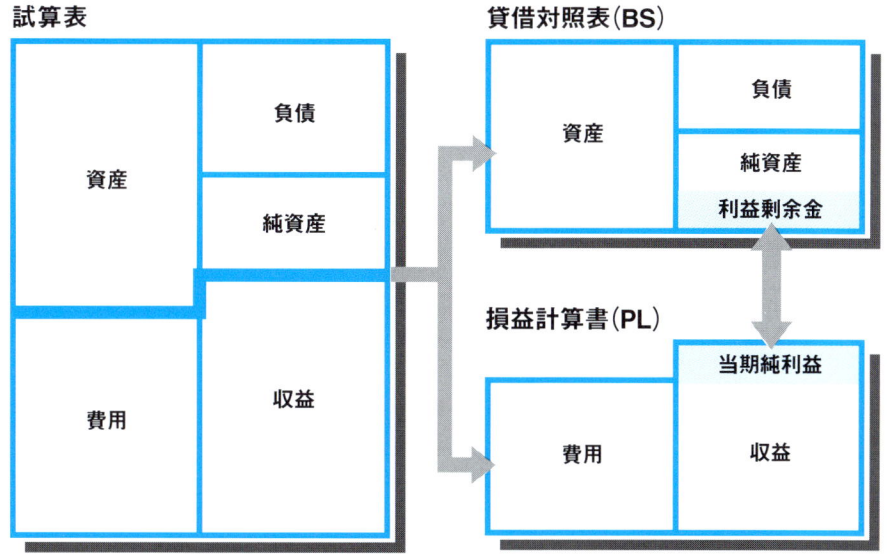

図表1-4を見ながら、複式簿記の記帳のしかたを説明しましょう。

100万円を会社が借り入れたとしましょう。そうすると、①「100万円」が左側の現金としての資産の項目と、右側の負債の項目にそれぞれ記帳されます。

200万円の現金売上があった場合は、②「200万円」が左側の現金という

図表1-4　複式簿記の仕訳

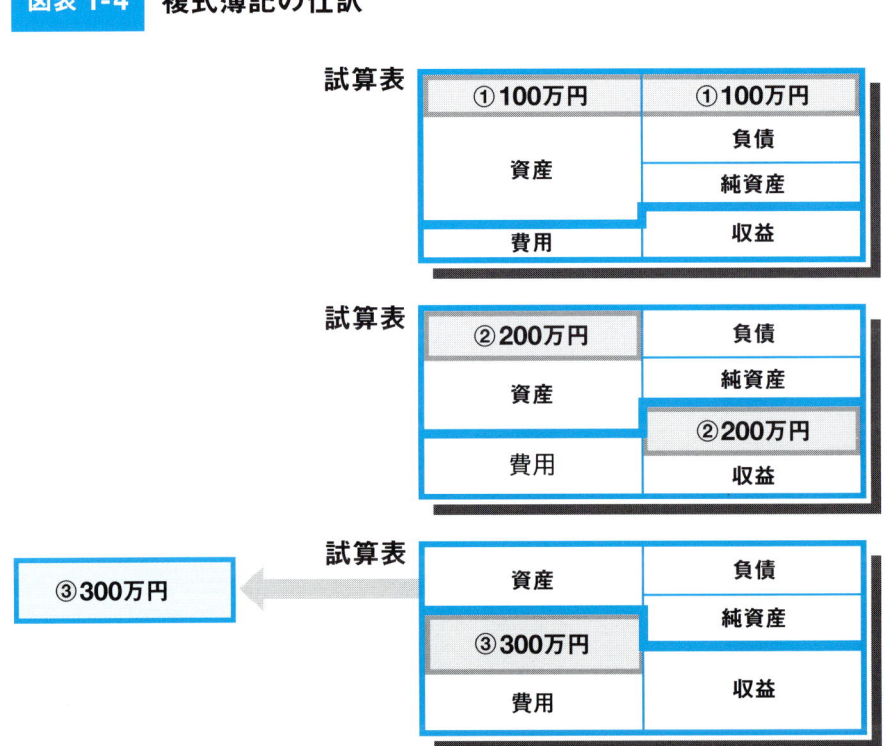

資産と右側の収益にそれぞれ入ります（収益とはここでは売上のこと、と理解しておいてください）。

300万円の商品を現金で仕入れた場合は、③現金300万円が出ていき（現金としての資産が少なくなる）、その出ていった分の「300万円」が左側の費用に計上されます。

そして、この5つに分類して記帳された表のことを「試算表」といいます。

このように、この試算表は常に右側と左側の合計が一致します。それは右側が「会社がどのようにしてお金を集めてきたか」を表し、左側は「その集めてきたお金がどのように使われたか」を表しているからです。つまり右側は、会社に入ってきたお金の総額を表していて、左側はそのお金がいま社内にどのような形で存在するか（資産）と、会社の外に出ていったお金（費用）を表しているのです。この試算表は常に右側と左側がバランスするようになっているというより、右側と左側がバランスするように帳簿に記帳する決まりにしたのが複式簿記の基本的な仕組みなのです。

そして、図表1-3をもう一度見ていただくとわかるように、この**試算表を上下にパカっと分けると、上がBSで下がPLになっている**のです。この点は、会計の仕組みを理解するうえできわめて重要なポイントです。そう、実はPLとBSはつながっているのです。このことをよく理解しておいてください。

つまり、複式簿記はPLとBSを作るためにあり、そのPLとBSの元となる試算表を作るために、1つの取引を2つに見て、どのように「資産」「負債」「純資産」「収益」「費用」の5つに分類していけばよいかの決まりが仕訳のルールなのです。

ですから仕訳については、私たちは細かいルールをすべて覚える必要はなく、この基本的な考え方さえわかっていればよいのです。

PART 1　04　損益計算書（PL）の5つの「利益」とは何か？

　さて、ここから財務3表の1つひとつについて詳しく説明していきます。
　まずはPLです。PLとは損益計算書、英語で Profit and Loss Statement といいます。略してPLです。PLは、会社の事業活動による損と益を計算したものです。
　PLの損と益は「収益」から「費用」を差し引いて計算されるのですが、**この収益と費用にはいろいろな種類があり、利益にも5つの種類があります**。こういうと、とても複雑に感じるかもしれませんが、順を追って理解すれば会社の利益の構造がよくわかります。
　会計の初心者は、「PLには5つの利益があり、その5つの利益の間に何があるか」だけを覚えてください。図表1−5の説明だけだと無機質すぎるかもしれませんので、具体的な商売を例にとって説明していきましょう。
　北イタリア特産のグラッパというお酒があります。ワインをつくるときに出るブドウの搾りかす（ブドウの皮や種など）から蒸留されるお酒で、アルコール度数は38～43度とかなり高めなのですが、口当たりがよく、えも言われぬほのかな甘みがあります。ショットグラスで食後酒としてストレートで飲んだり、エスプレッソに数滴落として味わうのが北イタリアでの一般的な習慣です。
　その昔、お金持ちたちは高価なワインやそのワインを蒸留したブランデーを飲んでいましたが、自分たちが育てたブドウでできたワインやブランデーを飲めない農民たちが、後に残ったブドウの搾りかすを使ってつくったのがグラッパなのです。そういう意味ではとても庶民的なお酒で、日本でいえば焼酎のようなイメージのお酒かもしれません。そういえば、グラッパも焼酎と同じ無色透明です。何かしらグラッパに愛着が湧いてきませんか。
　さて、これからの会計の説明は、皆さんが自分の会社を設立し、北イタリ

アのいくつかの農場からグラッパを仕入れてインターネットで販売するというモデルを使って進めていきます。皆さんは実際にグラッパをつくっている農場を訪れ、その地域の風土と自然環境を肌で感じ、グラッパをつくっている農場主の人間性やグラッパ作りにかける情熱といったものを取材して、直接仕入れてきます。そして、皆さんが足で稼いだとびっきりの情報をワイン愛好家にメルマガで流した後で、その紹介したグラッパをネットに掲載して販売します。成功するパターンのビジネスモデルだと思いませんか。

余談になりますが、複式簿記は15世紀に北イタリアのベニスの商人たちがつけた帳簿から始まったといわれています。グラッパも北イタリアが原産ですから、その当時グラッパの商売も複式簿記で記帳されていたかもしれませんね。そういう意味では、会計の説明にグラッパを使うのはいい組み合わせかもしれません。

■ PLに表れる5つの「利益」

では、ＰＬの説明に戻りましょう。

図表1-5のようにＰＬの一番上にくるのが「売上高」、グラッパの売上総額です。その下には売上原価がきます。「売上原価」とはグラッパの総仕入額です。

この本ではグラッパを仕入れて販売するという、会計的には比較的簡単な小売業のモデルで説明していきます。製造業の場合は、この売上原価の中に工場の製造部門で働く人の人件費などが入ってくるのですが、製造業の話をしていくと原価計算などの説明が必要になり、会計の初心者にとっては少し難しくなり過ぎますので、この本では触れません。

図表 1-5 損益計算書（PL）

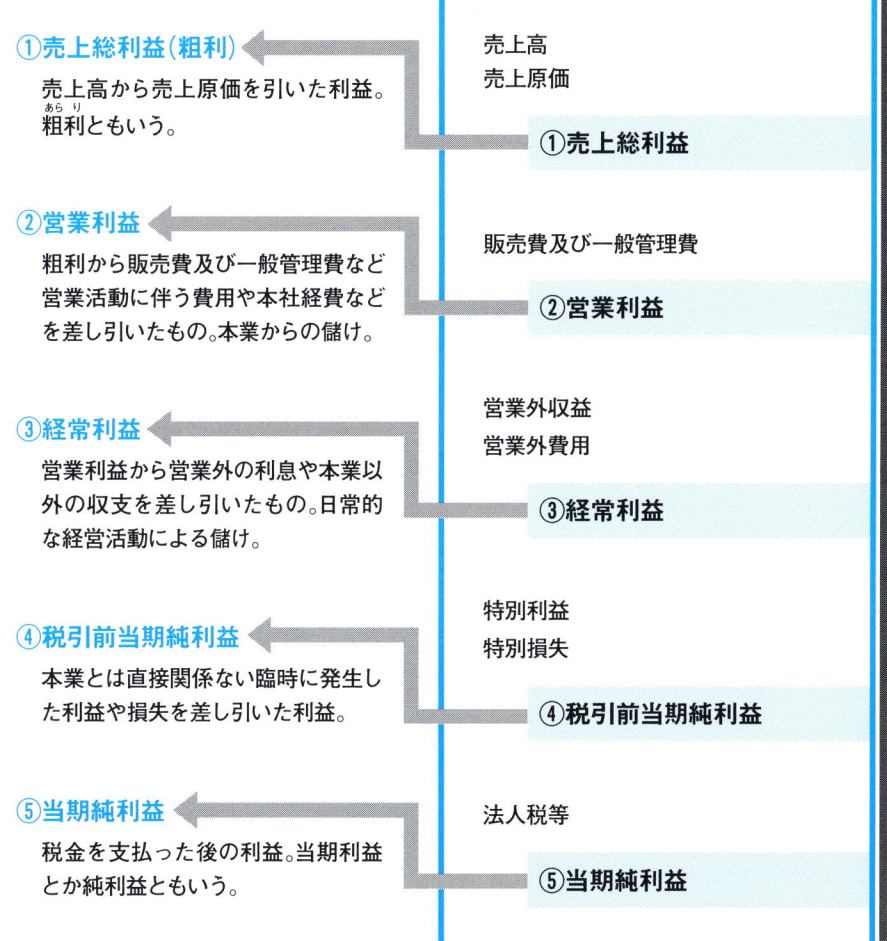

ＰＬには５つの利益があることを覚えてくださいと言いましたが、**売上高から売上原価を引いた①番目の利益が、会計的には「売上総利益」といわれる利益**です。一般的には「粗利（あらり）」と呼ばれています。

　売上総利益（粗利）の下にあるのが「販売費及び一般管理費」です。グラッパの販売という事業にかかわるすべての費用がここに入ります。営業マンの人件費、イタリアに出張するための交通費、その他通信費や事務用品費などです。もし事務所を借りていれば、事務所の賃借料などもここに入ります。会社が大きくなっていて、総務や経理などの本社部門を持っていれば、この本社部門の人たちの人件費や通信費などもこれに含まれます。要するに、営業部門・本社部門を含めてグラッパ販売という事業にかかわるすべての費用が販売費及び一般管理費なのです。

　売上総利益（粗利）からこの販売費及び一般管理費を引いたものが、②番目の利益である「営業利益」です。読んで字のごとく、グラッパ販売という営業活動によって獲得した利益です。

　営業利益の下にあるのは、営業外の収益や費用です。この辺から日頃ＰＬを見ていない人は混乱してくるのですが、営業利益の下にくるのは当然営業外のものです。営業外というのは、あなたの会社が株式を保有していて、その株式から配当があった、というようなことです。あなたの会社の本業は株式の売買ではありませんから、このような本業以外にわずかばかり入ってくる収益が営業外の収益なのです。

　また、おカネの貸し借りに伴う利息はすべて、この営業外の項目に入ってきます。銀行預金の受取利息は営業外収益になりますし、借入金の利子として支払う支払利息は営業外費用に計上されます。会計では、会社の財務活動と本業との間に直接的なつながりはないと考えているようで、利息は営業外

に入っています。

　営業利益から営業外の収益や費用を差し引いたものが③番目の利益である「経常利益」です。これも読んで字のごとく、会社が本業及びその他の事業活動により常日頃、経常的に稼ぎ出す利益が経常利益です。この経常利益は会社のすべての事業活動から経常的に獲得した利益ですから、会社の事業活動の収益性を見るには大切な利益です。一般的には「ケイツネ」と呼ばれて、新聞などでもよく引き合いに出されるものです。

　経常利益の下にあるのは何でしょう。もちろん経常外のものですね。常日頃の定常的なものではなく、特別にその期だけに発生する「特別利益」や「特別損失」です。その期だけに特別に発生した土地の売却益や株式の売却損などが、これに当たります。

　経常利益からこの経常外の特別利益・特別損失を足し引きしたものが④番目の利益である「税引前当期純利益」です。

　そして、この税引前当期純利益から「法人税等」（法人税等とは、法人税・法人住民税・法人事業税の3つです）を引いたものが、⑤番目の利益である「当期純利益」です。

■ 3つの「収益」と5つの「費用」

　図表1-6を使って収益と費用の関係を整理しておきましょう。

　一番左にあるのが、「売上高」という収益です。これは本業であるグラッパの総売上高ですね。その売上高からグラッパの仕入高である売上原価を引いたものが、「売上総利益（粗利）」です。売上総利益（粗利）から販売費及び一般管理費を差し引くと、本業の営業活動による利益の「営業利益」にな

図表1-6　3つの収益と5つの費用

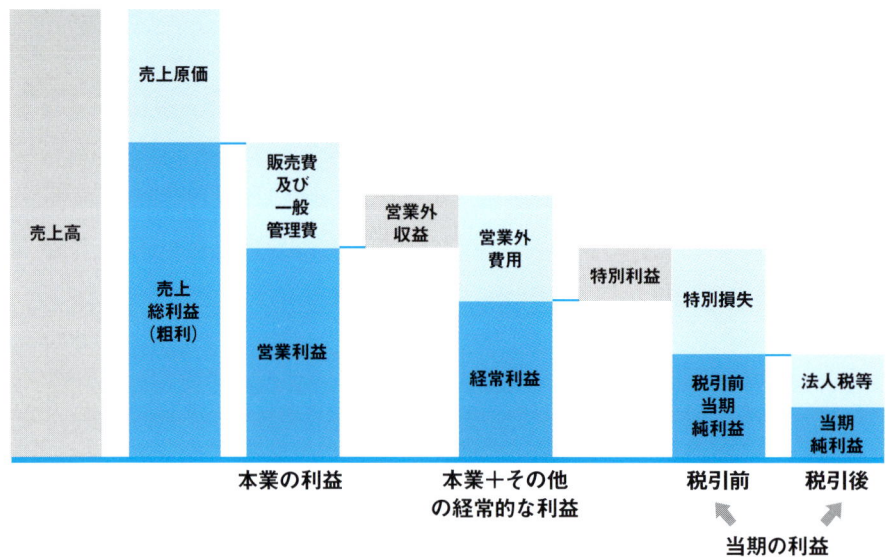

　ります。この営業利益に営業外の収益を足して営業外の費用を差し引くと、本業及びその他の活動によって経常的に出てくる「経常利益」になります。この経常利益に特別利益を足して特別損失を差し引くと「税引前当期純利益」になり、それから法人税等を差し引くと「当期純利益」になるのです。

　この図表からわかるように、利益には5つの種類があり、収益には「売上高」「営業外収益」「特別利益」の3つの種類があり、費用には「売上原価」「販売費及び一般管理費」「営業外費用」「特別損失」「法人税等」の5つの種類があります。

重要なポイントは、**本業から出てくる利益が営業利益で、本業及び本業外の活動を合わせて経常的に上がってくる利益が経常利益、そして当期の利益に税引前のものと税引後のものがある**、という構造になっている点です。

　これで、ＰＬの全体像がつかめたでしょうか。

PART 1 05 貸借対照表(BS)は なぜ左右がバランスするのか?

次はBSの説明です。

この本の冒頭で、会社が行なっている基本活動はどの会社も同じで、それは「お金を集めて」「何かに投資し」「利益を上げる」という3つの活動であり、BSの右側が「どのようにお金を集めてきたか」、左側が「その集めてきたお金を何に投資しているか」を表していると説明しました。もう少し正

図表 1-7 貸借対照表(BS)

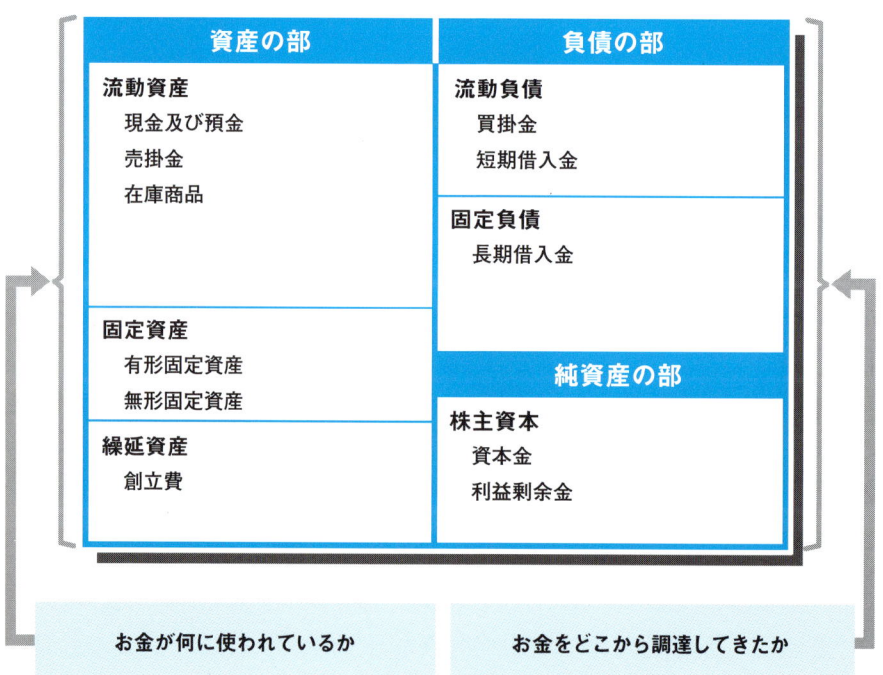

しくいうと、**ＢＳの左側は「その集めてきたお金がいまどのような形で会社に存在しているか」**を表しています。だからＢＳの右側と左側が一致するのは当たり前なのです。英語で Blance Sheet というのでＢＳです。

　集めてきたお金は、現金のまま残っているものもあれば、在庫に変わったもの、土地や建物になってしまったものなどさまざまですが、何らかの形で会社の「資産」として存在しています。ですから、ＢＳの左側は「資産の部」と呼ばれます。

　一方、会社がお金を集める方法は、銀行など金融機関から借りる方法と、資本家に資本金として入れてもらう方法の２つがあります。したがって、ＢＳの右側は上下２つに分かれていて、他人から借りた借入金などが入った枠を「負債の部」と呼び、資本家から入れてもらった資本金などが入った枠を「純資産の部」（2006年５月の会社法施行前は「資本の部」と呼ばれていました）と呼びます。

　会計の初心者は、会社がお金を集めてくる方法は、他人から借りる方法「負債の部」と資本家から資本金として入れてもらう方法「純資産の部」の２つだと理解していますが、実はもう１つ、会社がお金を集めてくる方法があります。

　会社がお金を集めてくる方法は「他人から借りる」「資本家から資本金として入れてもらう」という方法の他に、「自社で稼ぎ出す」という３つ目の方法があるのです。この３つ目の**「自社で稼ぎ出す」が、純資産の部の「利益剰余金」**です。

　そしてこれが、複式簿記のところで説明した「ＰＬとＢＳはつながっていて、ＰＬの当期純利益がＢＳの利益剰余金とつながっている」ということなのです。この利益剰余金は「純資産の部」に入れることになっています。繰

り返しになりますが、このＰＬの当期純利益がＢＳの利益剰余金とつながっているということは、会計の仕組みを理解するうえでとても大切なポイントです。

■ 区分けは「ワン・イヤー・ルール（1年ルール）」

　ＢＳの中身をもう少し詳しく見ると、右側も左側も基本的には上から下へ流動化しやすい、つまり現金になりやすい順に並んでいます。**流動資産は1年以内に現金化される予定のもの、固定資産は1年を超えても現金化される予定のないもの、もしくは現金化されるのが1年を超えるもの**という考え方にもとづいています。繰延資産は難しくなるのでここでは無視しておきましょう。後ほど詳しく説明します。右側も同じで、**流動負債は1年以内に返さなければならないもの、固定負債は1年を超えて返せばいいもの**です。

　資産の部も負債の部も、流動と固定の区分けは「ワン・イヤー・ルール（1年ルール）」に従って決まります。資産でいえば、1年以内に現金化される予定のものが流動資産になり、1年を超えても現金化される予定がないものが固定資産に分類されます。

　ただし、1年を超えて現金化される予定がないものでも、通常の商売の流れの中で使われているものは流動資産に入れます。たとえば、商品在庫などは1年を超えても在庫のままのものもあるかもしれませんが、一括して流動資産に入れられます。これを正常営業循環基準といいますが、私たちは特別この言葉を覚える必要はないでしょう。

■「ストック」と「フロー」の関係

　PLとBSがつながっているという関係を時系列的に並べたのが図表1-8です。

　BSはある時点までに会社がどれだけのお金を集めてきて、その時点でそのお金が会社にどんな形で存在しているかを表していましたね。そして、その会社が1年間に収益を上げ、それと同時に費用が出ていきますが、収益より費用が少なければ当期純利益がプラスとなり、それがその期末のBSの規模を押し上げることになるのです。もし、会社がすべて現金商売をしてい

図表1-8　PLとBSの時系列的なつながり

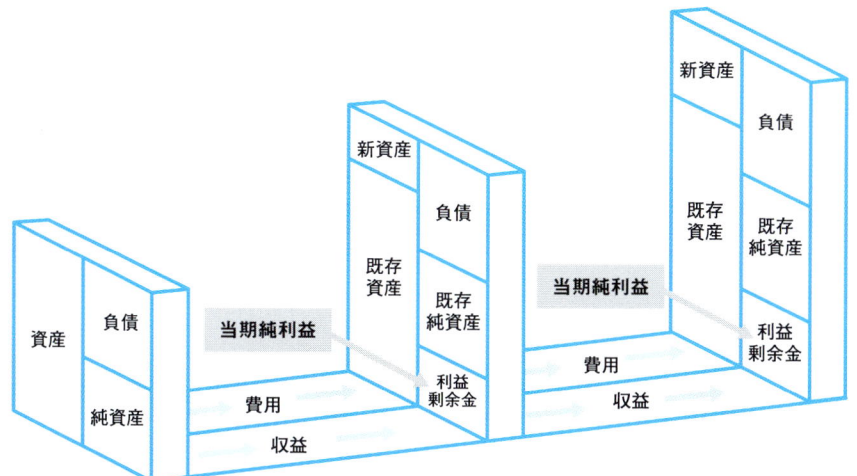

て、当期純利益分、すなわち当期に増えた利益剰余金分がすべて現金で残っているとすれば、ＢＳの左側は現金として総資産額を押し上げるわけです。しかし、実際には当期に稼いだお金は、期末までに在庫や固定資産などに変わっているのです。

　この関係を「ストック」と「フロー」という言葉を使って表せば、ＢＳがある時点の会社のストックを表し、ＰＬがある事業年度（通常１年）の収益と費用のフローを表しているのです。

PART 1　06　「債務超過」とは会社が どんな状態になっていることか？

　頻繁に財務3表を見ない人たちにとっては、BSを図にしてみると理解しやすくなります。

　BSの左側の総額を「総資産」、右側の総額を「総資本」といいます。総資産と総資本の額は同じなわけですが、この総資産・総資本の額をベースに各項目を百分率で表してみました。

　これから取引しようとする会社のBSを相手先の社長さんにチラッと見せてもらえました。そのときあなたは、まず何をチェックしますか。新たに取引をする場合に一番気になるのは、「その会社がお金を支払ってくれるのかどうか」だと思います。**お金を支払ってくれそうかどうかを見る指標としては、「流動比率」というものがあります。**流動比率＝流動資産÷流動負債なのですが、流動資産・流動負債とは何だったでしょうか。流動資産は1年以内に現金化される予定のもの、流動負債は1年以内に返済しなければならないものでしたね。

　図表1−9のA社の前期のように、1年以内に現金化される予定の流動資産の額が50％で、1年以内に返済しなければならない流動負債の額が40％であれば、流動負債より流動資産が多いので安心ですね。

　B社の前期を見てください。1年以内に現金化される予定の流動資産が40％で、1年以内に返済しなければならない流動負債が50％。これでは、新たに商売を始めようとするあなたの会社に現金が回ってくるかどうか不安ですね。

　ただ、この流動資産には在庫のように1年以内に現金化される予定のないものも入っていますので、もっと厳しくお金を支払ってくれるかどうかを見るためには、「当座比率」を見ることになります。

　当座比率＝当座資産（現預金＋受取手形＋売掛金）÷流動負債です。当座

図表 1-9　貸借対照表(BS)を図にしてみよう

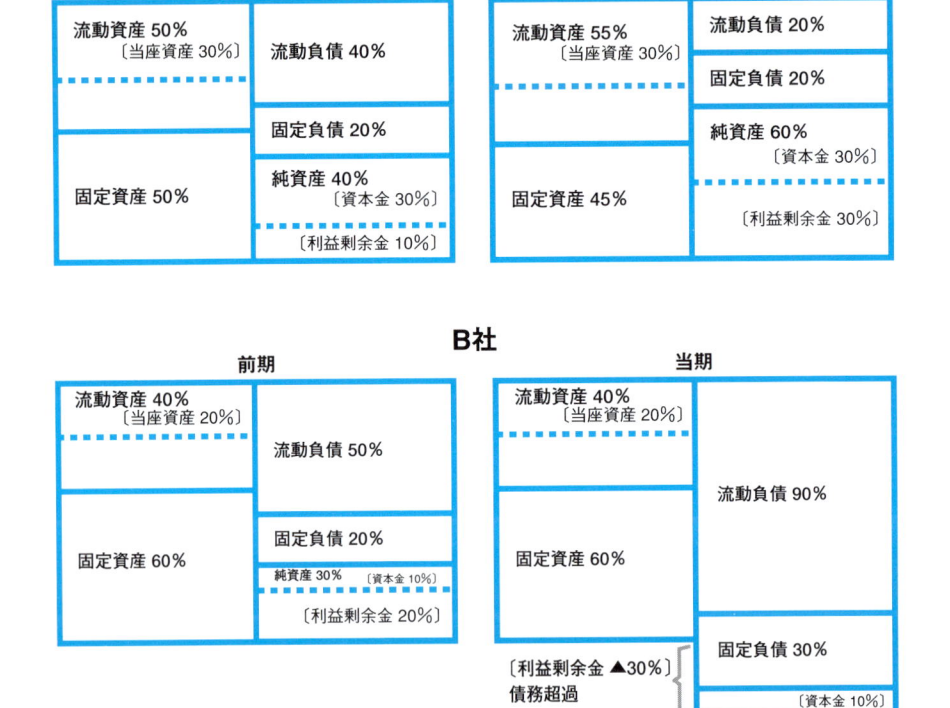

A社

前期
- 流動資産 50%〔当座資産 30%〕
- 固定資産 50%
- 流動負債 40%
- 固定負債 20%
- 純資産 40%〔資本金 30%〕〔利益剰余金 10%〕

当期
- 流動資産 55%〔当座資産 30%〕
- 固定資産 45%
- 流動負債 20%
- 固定負債 20%
- 純資産 60%〔資本金 30%〕〔利益剰余金 30%〕

B社

前期
- 流動資産 40%〔当座資産 20%〕
- 固定資産 60%
- 流動負債 50%
- 固定負債 20%
- 純資産 30%〔資本金 10%〕〔利益剰余金 20%〕

当期
- 流動資産 40%〔当座資産 20%〕
- 固定資産 60%
- 流動負債 90%
- 固定負債 30%〔資本金 10%〕
- 〔利益剰余金 ▲30%〕債務超過

流動比率：	流動資産／流動負債
当座比率：	当座資産(現預金＋受取手形＋売掛金)／流動負債
自己資本比率：	自己資本／総資本

資産というのは、現預金と受取手形と売掛金の和のことです。現預金はまさに会社が持っている現金ですし、受取手形や売掛金は、取引先が倒産などしない限りほぼ間違いなく現金化されるものです。

A社の当期を見てください。当座資産が30％で流動負債が20％です。これはかなり安心です。B社の当期のように当座資産が20％で、流動負債が90％だとかなり不安というか、このような会社は銀行支援がなければお金が回っていかない会社です。

■ 自己資本比率＝自己資本÷総資本

もう1つ、自己資本比率を説明しておきましょう。**自己資本比率＝自己資本÷総資本**です。自己資本はここでは純資産だと思ってください。正確には少し違うのですが、一般的には自己資本と純資産の額はほぼ同じです。

何度も説明してきましたが、**PLの当期純利益とBSの利益剰余金はつながっています**。すなわち、毎年利益を出していれば基本的に利益剰余金の額は増えていきます。ですから、自己資本比率が高いといった場合、もともとの資本金の額が多い場合だけでなく、毎期利益を出し、利益剰余金が積み増しされている場合もあるのです。

A社の前期から当期への変化を見てください。資本金の額は30％で変化はありませんが、利益剰余金が10％から30％に変わり、その影響で自己資本比率が40％から60％に増えています。

では、毎期赤字が出ている会社はどうなるでしょう。赤字が出ている会社は利益剰余金がマイナスになります。B社の例を見てください。B社の前期は20％の利益剰余金がありますが、当期に大きな赤字が出た場合、利益剰

余金は大幅なマイナスになります。資本金の額に変わりはありません。当期のＢＳの右側は流動負債が90％、固定負債が30％、資本金が10％で合計130％になりますが、利益剰余金がマイナス30％あるので右の合計は100％となりＢＳの左右が一致しています。

■ **純資産の部がマイナスになっている**

　このように純資産の部がマイナスになっている会社を債務超過の状態にあるといいます。ＢＳの右側が下に突き抜けている感覚がすんなりとわからない方もいまはそのままで結構です。PART 2で財務3表を一体で理解するところに進めば、この意味が簡単にわかるようになりますから。

　この債務超過の会社とは、次のような状態の会社のことです。

　もし仮にこの会社の資産をＢＳの左側の資産の部に記載されている額ですべて売却し現金化できたとしましょう。**この会社のすべての資産を現金化してみても、この会社は1年以内に返済しなければならない流動負債と、1年を超えて支払わなければならない固定負債の一部しか返済できないのです。**もちろん資本金がなくなったわけではありませんが、どう考えても資本家にはお金は回ってこない。つまり**資本金として入れていたお金はまったく価値のない状態になっている。**これが債務超過の状態なのです。

　債務超過というのは負債の額が莫大だという意味ではありません。利益剰余金のマイナスの額が資本金を上回っている状態、つまり**純資産の部がマイナスになっていること**をいうのです。

PART 1 07 「勘定合って銭足らず」とはどういう意味か?

　もう一度ＰＬの話に戻りましょう。

　財務３表は会社の状況を正しく伝えるためにある、といいました。では、ＰＬによってその期の売上と利益の状況を正しく伝えるためにはどんなことに気をつけておく必要があるでしょうか。

　私たちが通常行なっている商売は、ほとんどが掛け商売です。つまり商品やサービスを提供しても、その代金は後から入ってくるというスタイルです。仮に、売上を「代金が回収された時点で売上として計上する」というルールにしていたらどうなるでしょう。もし、掛け商売のためにすべての商品の代金がその期に入ってこなかったとすると、その期の売上は「０」になってしまいます。実際に営業活動を行ない、商品を販売しているのですから、これでは会社の事業活動を正しく伝えているとはいえなくなります。そこで、**会計では、代金回収が約束されているような状態であれば「商品やサービスが提供された時点で売上として計上する」**という決まりにしているのです。

　売上が計上されれば通常、利益が出ます。ここで、**「売上は計上されたが現金は回収できていない」**という時点で決算期を迎えたとしましょう。この会社は、**利益が出ているにもかかわらず現金はありません。**これがよくいわれる「勘定合って銭足らず」という状態です。こんなことは、一般のビジネスではよくあることです。**会計では利益と現金は一致しないのです。**

■ 減価償却費の考え方

　利益と現金が一致しなくなった理由のもう１つは、減価償却費です。

　何年かにわたって使用する機械装置を使ってビジネスをしているとしま

す。この機械装置の購入代金を、購入した年にすべて費用として計上すると、購入した年だけに莫大な費用が発生します。しかし、この機械装置は翌年もその翌年も使われ、この機械装置を使って毎期、売上を稼いでいくわけですから、各期の売上とそれに対する費用を正しく計上しようとすれば、**機械装置の費用は機械装置を使用する期間で按分して計上しておく必要があります。**

　ここで間違ってはいけないのは、あくまで機械装置の購入代金は機械装置を購入した年に支払うのですが、ＰＬにはその機械装置を使用する期間で按分した金額を毎期費用として計上していくということです。これを「減価償却費」といいます。この減価償却費の考え方を導入することによっても、ＰＬは現金の動きを表せなくなってしまったのです。

　私はもともとエンジニアですが、まだエンジニアとして仕事をしていた頃、「減価償却費は費用として計上できるが、現金が出ていく費用ではない」と言われてチンプンカンプンだったのを覚えています。

　いま減価償却費の概念がわからなくても大丈夫です。PART 2に進めば、スーッと頭に入ってきますから……。

■ PLの利益と現金の動き

　この掛け商売の認識のタイミングと減価償却費の考え方の導入によって、毎期の売上と費用、そしてその結果として出てくる利益を適切に表すことができるようになりました。しかし結果的に、ＰＬは現金の動きを表せなくなってしまったのです。

　もう少しいえば、あなたの会社がすべて現金商売をしていて、利益が上が

り現金が貯まっていても、期末の決算期を迎えるまでには、その現金で土地を買ったり株式を買ったりしているかもしれません。土地や株式を買っても、そのことはPLには表れてきませんから、利益は変化しませんが、現金は確実に土地や株式の購入費用として使われてしまっているのです。このように、PLの利益と現金は一致しないのです。この辺りもPART 2で詳しく説明します。

ですから、社長に「今期の1億円の利益はどこにいったんだ！」と叫ばれても、**「利益と現金はまったく違うものなんですよ」**と答えるしかないのです。

PLの利益と現金の動きの違いを簡単な例で説明しておきましょう。

図表 1-10　PLの利益と現金の関係

PL (単位:万円)

売上高	100
売上原価	60
①売上総利益（粗利）	40
販売費及び一般管理費	
減価償却費	10
②営業利益	30
③経常利益	30
④税引前当期純利益	30
⑤当期純利益	30

現金の動き（キャッシュフロー） (単位:万円)

収入	
資本金	100
営業収入	0
支出	
商品仕入	-60
コンピュータ	-40
現金の残高	0

資本金100万円で設立した会社が、原価60万円の商品を仕入れて100万円で販売しました。商品の仕入代金はすでに支払いましたが、販売代金はまだ回収できていません。また、このビジネスを行なうために4年間使用できるコンピュータを40万円で購入しました。この期の事業活動はこれだけだとすると、ＰＬ及び現金の動き（キャッシュフロー）は図表1−10のようになります。

　なお、ここでは税金は無視しています。また、この例では、現金の動きを表すために一般の収支計算書の形式（家計簿などと同じ）を使いました。

PART 1 08 キャッシュフロー計算書(CS)では何を見ているのか?

　複式簿記を導入してPLとBSを作成することにより、会社の3つの基本活動である「お金を集めて」「何かに投資し」「利益を上げる」ことの説明や、当期の利益を正しく表すことができるようになりました。しかし、そのことにより、現金の動きがよくわからなくなってしまいました。

　そこで現れたのがキャッシュフロー計算書です。前項でPLの利益と現金の動きの違いを説明するために収支計算書を用いましたが、この収支計算書こそが現金の動きを表すキャッシュフロー計算書なのです。ですから、**キャッシュフロー計算書は会社の家計簿のようなもの**だと思ってください。

　英語ではCash Flow StatementというのでCSです。PLはProfit and Loss StatementでPLなのに、なぜCash Flow StatementがCFではなくてCSなのか私は知りませんが、いずれにせよキャッシュフロー計算書はCSです。

　ただ、会社の現金の動きを表すキャッシュフロー計算書は特別な形をしています。財務3表の1つであるCSは図表1－11のように、「営業キャッシュフロー」「投資キャッシュフロー」「財務キャッシュフロー」の3つの欄に分かれていて、それぞれの欄ごとに現金の収支が記載されます。

　なぜ、そうなっているか？　もちろん、それはこの本の冒頭で説明したように、会社の基本活動は「お金を集めて」「何かに投資し」「利益を上げる」ことですので、CSでもこの3つの基本活動に合わせて現金の動きを説明しているのです。

　繰り返しになりますが、財務キャッシュフローが「お金を集める」、投資キャッシュフローが「投資する」、営業キャッシュフローが「利益を上げる」ということを説明しているのです。

図表 1-11　キャッシュフロー計算書(CS)

営業キャッシュフロー

事業活動を通してのモノやサービスの販売や仕入れ、製造活動などから生じた現金の現実的な流れ。

投資キャッシュフロー

工場建設や設備導入などの設備投資、子会社への投資、株式持ち合いなど投資に係る現金の動きを表す。

財務キャッシュフロー

金融機関からの長短期資金の借入や返済、社債発行による資金調達、増資による資本金の増加など、会社の資金調達や返済などを表す。

直接法

営業キャッシュフロー
- 営業収入（＋）
- 商品の仕入支出（－）
- 人件費支出（－）
- その他の営業支出（－）

　小計
- 利息の受取額（＋）
- 利息の支払額（－）
- 法人税等の支払額（－）
- 営業キャッシュフロー計

投資キャッシュフロー
- 有価証券取得（－）
- 有価証券売却（＋）
- 固定資産取得（－）
- 固定資産売却（＋）
- 投資キャッシュフロー計

財務キャッシュフロー
- 短期借入収入（＋）
- 短期借入返済（－）
- 株式発行収入（＋）
- 自己株式の取得（－）
- 配当金支払い（－）
- 財務キャッシュフロー計

現金及び現金同等物の増減額
現金及び現金同等物期首残高
現金及び現金同等物期末残高

■ 営業キャッシュフローの「小計」

　キャッシュフロー計算書は「3つの欄に分かれた会社の家計簿」という理解でいいのですが、ここで営業キャッシュフローの欄の「小計」の説明をしておきましょう。

　営業キャッシュフローの中には「小計」という項目があり、その下に「利息の受取額（＋）」「利息の支払額（－）」「法人税等の支払額（－）」などが並んでいます。営業キャッシュフローの中で、どうしてこれらの項目だけがまるで「付け足し」のように記されているのでしょうか。

　利息は借入金にかかるものですから、財務収支に入れておいたほうがよいような気もします。しかし支払利息は、会社が借入をして商売をしている側面から見ると、借入に対する費用とも考えられ営業キャッシュフローに入れてもよさそうです。また税金は、会社全体の事業活動に対して課せられるものですから、すべての欄にかかっているような気もします。

　このように、営業キャッシュフロー、投資キャッシュフロー、財務キャッシュフローのどこに分類していいか明確でないような現金の動きが、営業キャッシュフローの「小計」の下にまとめて入れられているのです。そして、純粋な営業キャッシュフローがよくわかるように、「小計」が設けられているのです。

PART 1 09 PLとBSからキャッシュフローを計算するにはどうすればよいか？

　実はCSには、直接法と間接法という2つの作り方があります。
　直接法CSというのは現金の出入りを、すでに説明した営業キャッシュフロー、投資キャッシュフロー、財務キャッシュフローの3つに分類して記載したものです。ですから、営業キャッシュフローの欄には「営業収入」や「商品の仕入支出」などの実際の現金の出入りを表す項目が並んでいます。
　一方、間接法で作られるCSの営業キャッシュフローの欄は、一番上に「税引前当期純利益」がきていて、その下には「減価償却費」や「売上債権の増加」（売上債権とは売掛金などです）など、おおよそ現金の動きとは関係ない項目ばかりが並んでいます。間接法CSというのは、**PLとBSの数字から逆算して現金の動きを求めたCSなのです**。
　具体的に説明すると、まずCSの一番上にPLの税引前当期純利益を持ってきて、この税引前当期純利益を起点にして実際の現金の動きを計算していくのです。PLの利益は、現金の動きがなくても増えたり減ったりします。そうです、掛け商売や、減価償却費などの影響です。
　税引前当期純利益を起点にして実際の現金の動きを計算しようと思えば、たとえば減価償却費は、実際には現金は出ていかないのに費用として計上され税引前当期純利益を押し下げていますから、税引前当期純利益から実際の現金の動きを求めるには、この減価償却費を足し戻しておかなければなりません。
　売上債権の増加も同じです。売上債権とは売掛金などのことです。売り掛けで商売をすると売上高は上がりますが、その時点では現金は入ってきていませんから、実際の現金の動きを税引前当期純利益をベースに計算しようと思えば、この売り掛け分を差し引いておかなければならないのです。

図表 1-12　直接法と間接法

直接法

```
営業キャッシュフロー
    営業収入（＋）
    商品の仕入支出（－）
    人件費支出（－）
    その他の営業支出（－）

      小計
    利息の受取額（＋）
    利息の支払額（－）
    法人税等の支払額（－）
    営業キャッシュフロー計

投資キャッシュフロー
    有価証券取得（－）
    有価証券売却（＋）
    固定資産取得（－）
    固定資産売却（＋）
    投資キャッシュフロー計

財務キャッシュフロー
    短期借入収入（＋）
    短期借入返済（－）
    株式発行収入（＋）
    自己株式の取得（－）
    配当金支払い（－）
    財務キャッシュフロー計

現金及び現金同等物の増減額
現金及び現金同等物期首残高
現金及び現金同等物期末残高
```

間接法

```
営業キャッシュフロー
    税引前当期純利益
    減価償却費（＋）
    売上債権の増加（－）
    棚卸資産の増加（－）
    仕入債務の増加（＋）
    その他負債の増加（＋）
      小計
    利息の受取額（＋）
    利息の支払額（－）
    法人税等の支払額（－）
    営業キャッシュフロー計

投資キャッシュフロー
    有価証券取得（－）
    有価証券売却（＋）
    固定資産取得（－）
    固定資産売却（＋）
    投資キャッシュフロー計

財務キャッシュフロー
    短期借入収入（＋）
    短期借入返済（－）
    株式発行収入（＋）
    自己株式の取得（－）
    配当金支払い（－）
    財務キャッシュフロー計

現金及び現金同等物の増減額
現金及び現金同等物期首残高
現金及び現金同等物期末残高
```

直接法のキャッシュフローと同じ

■ 間接法で作られたCS

　何かややこしいことをしているようですが、この方法を使えば、その期の**PLと期首と期末のBSさえあれば簡単にCSが作れる**のです。直接法でCSを作ろうと思えば、現金の動きに関する伝票をすべて積み上げていく必要があります。ところが、複式簿記による会社の帳簿は、収支計算書のような現金の動きを記載するものではありませんでしたね。

　すべての伝票は複式簿記によりPLとBSを作るために整理されていて、すべての会社はPLとBSを作っています。このPLとBSを使えば、CSを作るために新たに伝票を整理しなおす必要はなく、上述したようにでき上がっているPLとBSから簡単にCSが作れるのです。だから、私たちが見るCSはその多くが間接法で作られたものなのです。

PART 1-10 会計を理解するには簿記を勉強するしかないのか?

　私は会計の研修を行なう場合、いつも最初に次の質問をします。
「一般的に会社は借金をしていますが、借入金の元金の返済額はＰＬのどこに表れますか?」
　これは、会計の基本的な仕組みがわかっている人にはとても簡単な質問です。「なんでそんな質問するの?」ってくらいに当たり前の質問です。
　答えは**「借入金の元金の返済額はＰＬのどこにも表れない」**です。借入をするとか借入金を返すという活動は、「お金を集める」財務活動です。財務活動はＰＬには表れません。「お金を集める」という財務活動は、ＢＳの右側に表れるのです。
　多くの会計の本は、ＰＬ・ＢＳ・ＣＳを別々に説明し、その説明が終わると財務分析指標の説明に入ります。しかし、「そもそも財務３表は何のためにあり、会社の何を表そうとしているのか」という会計の全体像を把握することもなく、また「ＰＬ・ＢＳ・ＣＳがどのようにつながっているのか」という会計の仕組みを理解することもなく、ただやみくもにＰＬ・ＢＳ・ＣＳの表の構造と財務分析指標の計算式を記憶しても、会計の本質はわかってきません。
　だから、**いくら会計の勉強をしても腹の底からわかったという感じにならない**のです。
　「会計を理解するためにはどうしたらいいですか?」と会計の専門家の人たちに聞けば、「まず簿記を勉強しなさい」とアドバイスされると思います。これは一理あることです。ＰＬとＢＳを理解しようと思えば、それらがどのように作られているか、つまりＰＬとＢＳの基になる試算表をどのように作っていくのかのルールがわかっていなければお話にならないのです。
　一般の簿記の勉強では、仕訳のルール、つまり多くの取引をどのように２

つの側面から見て、それをどのように「資産」「負債」「純資産」「収益」「費用」の5つの分類に振り分けていくかを勉強します。しかし、これらのルールをすべて覚えるのは結構大変なのです。

　繰り返しになりますが、将来、経理部門で働こうと思っている人は、仕訳のルールを勉強する必要があります。それは試算表を作っていかなければならないからです。しかし、私たちのような会計の専門家ではない人間は、仕訳のルールをすべて覚える必要はありません。ただ、その基本的な仕組みがわかっていればいいのです。

　この基本的な仕組みについては15ページの「収支計算書と複式簿記の帳簿はいったい何が違うのか？」の項で説明しましたが、会計の全体像をつかむには、もう少しこの仕組みに慣れて、体で覚えるくらいになっておく必要があります。

■ PL・BS・CSをセットに

　複式簿記はPLとBSを作るためにあり、PLとBSはつながっています。ですから、会計を勉強するうえでPLとBSをセットにして教えている本はいくつかあります。ですが、CSまで一緒にして、PL・BS・CSをセットにして説明している本は私が知る限りいままでに見たことがありません。もちろん、私の既刊の『書いてマスター！ 決算書ドリル』（日本経済新聞出版社）と『決算書がスラスラわかる──財務3表一体理解法』（朝日新書）は除いてということですが……。

　これからPART 2で財務3表を一体にして理解を進めていくわけですが、PART 2で何をするのかというと、実は仕訳をせずに、日々の事業活動の

1つひとつの取引を財務3表上に直接展開していくのです。もっといえば、実は財務3表上で仕訳の作業をしているのです。この作業を何度か繰り返せば、会計の仕組みが理解できるようになります。

図表1-13のように、事業活動によって日々上がってくる伝票は簿記・仕訳のルールに従って記帳され、それが最終的に財務3表の形になっていくのですが、PART 2ではこの簿記・仕訳のルールに従って帳簿に記帳するところをすっとばして、日々の事業活動が財務3表にどのように反映されるかを見ていきます。

では、さっそく財務3表を一体にして理解するPART 2に移っていきましょう。

図表1-13 新しい会計の勉強法

会計の流れ

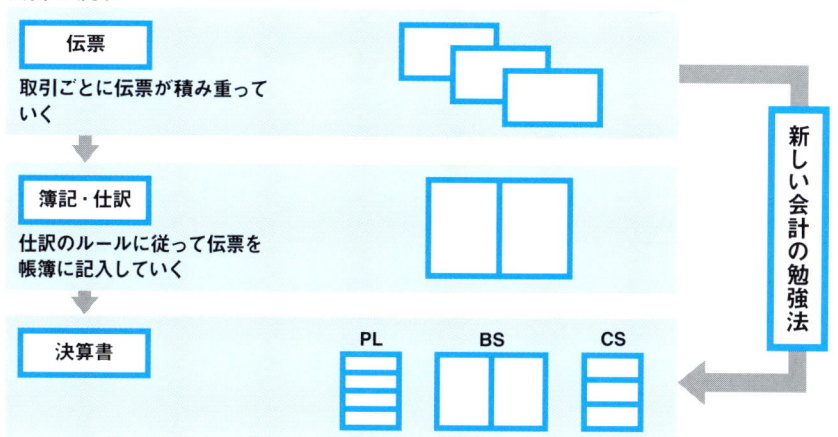

- 伝票
  - 取引ごとに伝票が積み重っていく
- 簿記・仕訳
  - 仕訳のルールに従って伝票を帳簿に記入していく
- 決算書
  - PL　BS　CS

新しい会計の勉強法

PART

2

これがわかれば会計の全体像が見えてくる

まず、損益計算書（PL）、貸借対照表（BS）、
キャッシュフロー計算書（CS）の3つが
どうつながっているのかを理解しましょう。
基本は簡単です。
そのうえで、会社の活動によってお金が動くと、
それが財務3表にどう反映されるのかを具体的に見ていきます。
わかっているようでわかっていないことって
意外と多いものですが、
このPART2の問いに答えていくと理解がグッと深まります。

PART 2 01　PL、BS、CSはどうつながっているのか？

　PART 1 の説明で、PL・BS・CSのそれぞれの構造は理解できましたか。会計の入門書の多くは、ここまでの説明が終わると次に財務分析指標の説明に移っていきます。しかし、簿記・仕訳を勉強していない人が、PL・BS・CSの表を別々に勉強しただけでは会計の全体像はなかなか頭に入ってきません。

　もうお気づきかもしれませんが、PL・BS・CSの数字はそれぞれにつながっています。図表2-1のようにPL・BS・CSの3表には5つの「つながり」があります。Aから順番に説明していきましょう。

A：PLの「当期純利益」がBSの「利益剰余金」の中の「繰越利益剰余金」とつながっています。もっと正確に言うと、配当や内部留保などが行なわれ、その後に残った利益がBSの繰越利益剰余金へつながっていくのですが、配当や内部留保については、あとで詳しく説明します。

B：BSの右側は「どのようにお金を集めてきたか」を表し、左側はそれが現在「どのような形で会社の中に存在しているのか」を表しています。したがって、**BSの右側の合計と左側の合計は一致します。**

C：直接法CSは、その期の初めから現時点までの実際の現金の動きを、営業キャッシュフロー・投資キャッシュフロー・財務キャッシュフローの3つに分類して表記した収支計算書です。ですから、現金の出入りの総計を表している一番下の項目の「現金及び現金同等物の期末残高」は、**会社が現時点で保有している現金の総額を示していることになります。**したがって、この額はBSの「現金及び預金」と一致していなくてはなりません（正確にいえば、CSの「現金及び現金同等物の期末残高」には3カ月以内の定期預金が含まれ、BSの「現金及び預金」には1年

図表 2-1　財務3表の5つのつながり

貸借対照表（BS）　　　（単位：万円）

資産の部		負債の部	
流動資産		流動負債	
現金及び預金		買掛金	
売掛金		短期借入金	
商品		未払法人税等	
		固定負債	
固定資産		**純資産の部**	
工具器具備品		株主資本	
		資本金	
		利益剰余金	
繰延資産		利益準備金	
創立費		任意積立金	
		繰越利益剰余金	
資産合計		負債・純資産合計	

損益計算書（PL）

売上高	
売上原価	
売上総利益（粗利）	
販売費＆一般管理費	
事務用品費	
減価償却費	
営業利益	
営業外費用	
支払利息	
経常利益	
税引前当期純利益	
法人税等	
当期純利益	

A　つながっています
B　右と左は一致します
C　一致していなければなりません

キャッシュフロー計算書（CS）

●直接法

営業キャッシュフロー	
営業収入（＋）	
商品の仕入支出（－）	
人件費支出（－）	
その他の営業支出（－）	
小計	
利息の支払額（－）	
法人税等の支払額（－）	
営業CF計	
投資キャッシュフロー	
固定資産取得（－）	
投資CF計	
財務キャッシュフロー	
短期借入収入（＋）	
短期借入返済（－）	
株式発行収入（＋）	
配当金支払い（－）	
財務CF計	
現金＆同等物の増減額	
現金＆同等物期首残高	
現金＆同等物期末残高	

●間接法

営業キャッシュフロー	
税引前当期純利益	
減価償却費（＋）	
支払利息（＋）	
売上債権の増加（－）	
棚卸資産の増加（－）	
仕入債務の増加（＋）	
小計	
利息の支払額（－）	
法人税等の支払い（－）	
営業CF計	
投資キャッシュフロー	
固定資産取得（－）	
投資CF計	
財務キャッシュフロー	
短期借入収入（＋）	
短期借入返済（－）	
株式発行収入（＋）	
配当金支払い（－）	
財務CF計	
現金＆同等物の増減額	
現金＆同等物期首残高	
現金＆同等物期末残高	

D　間接法CSの一番上に持ってきます
E　一致します

直接法のキャッシュフローと同じ

※CF＝キャッシュフローの略

PART 2　これがわかれば会計の全体像が見えてくる

以内の定期預金が含まれますので、実際にはこの数字は多少ずれる場合があります）。ＢＳの左側は、会社が集めてきたお金が現時点でどのような形で会社の中に存在しているか、「現金及び預金」は現時点で現金の形で会社の中に存在しているものを表しているからです。

Ｄ：間接法ＣＳとは、ＰＬとＢＳの数字から逆算して実際の現金の動きを計算するものです。**間接法ＣＳを作るために、まずＰＬの「税引前当期純利益」を間接法ＣＳの一番上にもっていくわけです。**

Ｅ：そうして計算した**間接法ＣＳの営業キャッシュフローと、直接法ＣＳの営業キャッシュフローは一致します。**計算方法が違うだけで、同じ営業活動にかかわる現金の出入りを表しているのですから一致しなければおかしいですよね。ちなみに、投資キャッシュフローと財務キャッシュフローの表記は直接法・間接法まったく同じです。

　この５つのつながりは、会計の基本的な仕組みを理解するうえでとても大切です。このつながりを頭に入れたうえで、ここからは、皆さんが会社を設立し、銀行から借入をし、商品を仕入れて販売し、といった具体的な事業活動を行なうことを想定し、それらの活動が財務３表にどのように反映されていくかを見ていきます。

　１年間の主だった事業活動が財務３表にどう反映されるかがわかれば、今度は財務３表を見て会社の状態がわかるようになるのです。

　次に進む前に、１つだけお断りしておきます。

　通常、財務３表はその期のすべての事業活動を反映し、決算整理といわれる期末の処理をして作り上げるわけですが、これから皆さんに見ていただく財務３表は、１つの取引が行なわれた時点で、仮に財務３表を見てみらど

うなっているかを説明したものです。ですから、売上が上がっていないのに売上原価が先に発生するような場面が出てきます。その点は、あらかじめご了承ください。

PART 2　02　会社を設立して銀行から借入をするとPLに変化はあるか？

では、始めましょう。最初は会社の設立です。

皆さんのお小遣い50万円を資本金にして、ご自身の会社を設立していただきます。このことが財務3表にどのように反映されていくか、**図表2-2**を見ながら説明しましょう。

資本金を入れて会社を設立することは、あなたの会社の営業活動に直接関係するでしょうか。資本金が入ってきたからといって、売上が上がるわけではありませんね。もちろん、費用が出ていくわけでもありません。ですから、PLは何も動きません。すべて「0」のままです。そして、**PLの「当期純利益」の「0」がBSの「繰越利益剰余金」の「0」**とつながっています。Aのつながりです。

BSの右側は、あなたの会社が資本金として50万円を集めてきたのですから「資本金」の項目に「50」が入ります。左側は、そのお金があなたの会社に現金の形で入ってきているわけですから、「現金及び預金」の項目に「50」が入ります。これで、BSの右側と左側は一致していますね。Bのつながりです。

BSの右側は「会社がどのようにしてお金を集めてきたか」を表し、BSの左側は「その集めてきたお金が現在どのような形で存在しているか」を表しています。この例では、会社は**資本金として50万円のお金を集めてきて、それがいま、現金の形で会社に存在する**ということを表しているのです。

次は、直接法CSです。資本金を入れるということは、会社にとっては「お金を集めてくる」行為ですから財務キャッシュフローです。**財務キャッシュフローの中の「株式発行収入」に「50」**が入ります。「株式発行収入」という言葉には、あまりこだわらないでください。資本金としてお金を集める場合には通常株式を発行するので、そう言うのです。

図表 2-2　資本金50万円で会社を設立するとこうなる！

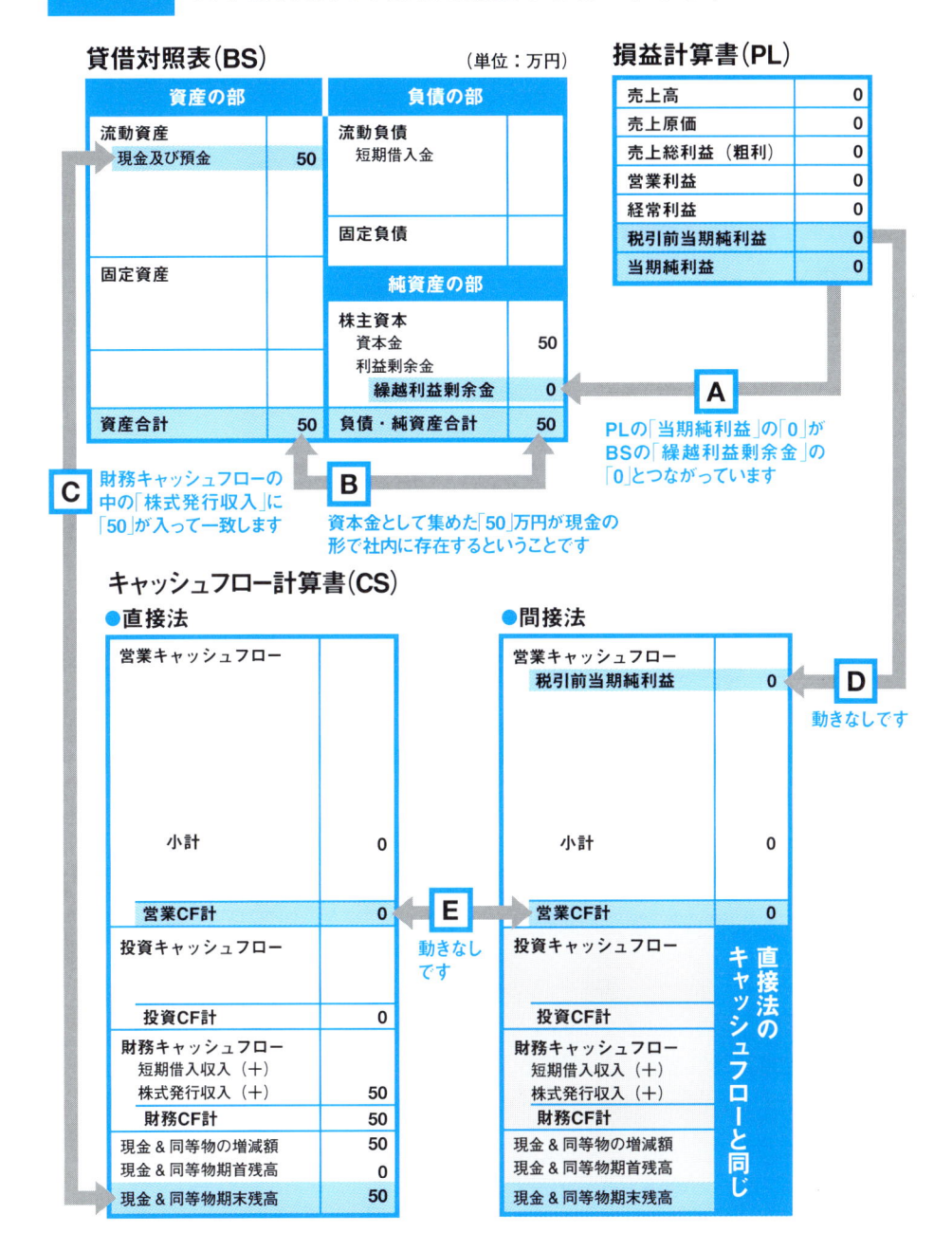

貸借対照表（BS）
（単位：万円）

資産の部		負債の部	
流動資産		流動負債	
現金及び預金	50	短期借入金	
		固定負債	
固定資産		**純資産の部**	
		株主資本	
		資本金	50
		利益剰余金	
		繰越利益剰余金	0
資産合計	50	負債・純資産合計	50

損益計算書（PL）

売上高	0
売上原価	0
売上総利益（粗利）	0
営業利益	0
経常利益	0
税引前当期純利益	0
当期純利益	0

A PLの「当期純利益」の「0」がBSの「繰越利益剰余金」の「0」とつながっています

B 資本金として集めた「50」万円が現金の形で社内に存在するということです

C 財務キャッシュフローの中の「株式発行収入」に「50」が入って一致します

キャッシュフロー計算書（CS）

●直接法

営業キャッシュフロー	
小計	0
営業CF計	0
投資キャッシュフロー	
投資CF計	0
財務キャッシュフロー	
短期借入収入（＋）	
株式発行収入（＋）	50
財務CF計	50
現金＆同等物の増減額	50
現金＆同等物期首残高	0
現金＆同等物期末残高	50

●間接法

営業キャッシュフロー	
税引前当期純利益	0
小計	0
営業CF計	0
投資キャッシュフロー	
投資CF計	
財務キャッシュフロー	
短期借入収入（＋）	
株式発行収入（＋）	
財務CF計	
現金＆同等物の増減額	
現金＆同等物期首残高	
現金＆同等物期末残高	

D 動きなしです

E 動きなしです

直接法のキャッシュフローと同じ

PART 2　これがわかれば会計の全体像が見えてくる

ここで覚えておいていただきたいことは、**BSの右側の現金の動きが伴う項目が動くと、基本的にはCSの財務キャッシュフローが動く**ということです。そうですよね、会社の３つの基本活動である「お金を集める」「何かに投資する」「利益を上げる」のうちの「お金を集める」は、BSの右側で表しました。そして、この３つの基本活動を現金の動きという観点から見たのがCSであり、CSの財務キャッシュフローは会社の３つの基本活動のうちの「お金を集める」を表しているのですから、そうなりますよね。
　今回は営業活動をしたわけではありませんから、営業キャッシュフローに動きはありません。間接法CSの営業キャッシュフローも変化しません。

■ 運転資金200万円を借り入れると……

　では同様に、図表２−３で銀行から200万円の運転資金を借り入れた例を説明しましょう。資本金と同様、借入をしても売上が上がるわけでも費用が出ていくわけでもありませんね。ですから、PLはまったく動きません。
　今回の借入金は１年以内に返済する短期借入金だとすると、**BSの右側の**「短期借入金」に「200」が入ります。このお金が現金の形で会社に入ってくるわけですから、**BSの左側の**「現金及び預金」に200万円が加わります。資本金として入ってきていた50万円と合わせて、**現在会社に存在する現金は250万円**になりましたね。
　直接法CSは、会社がお金を集めてきたわけですから**財務キャッシュフローの**「短期借入収入」に「200」が入ります。今回も営業活動をしたわけではありませんから、営業キャッシュフローに動きはありません。間接法CSの営業キャッシュフローにも動きはありません。

図表 2-3　運転資金200万円を借入するとこうなる！

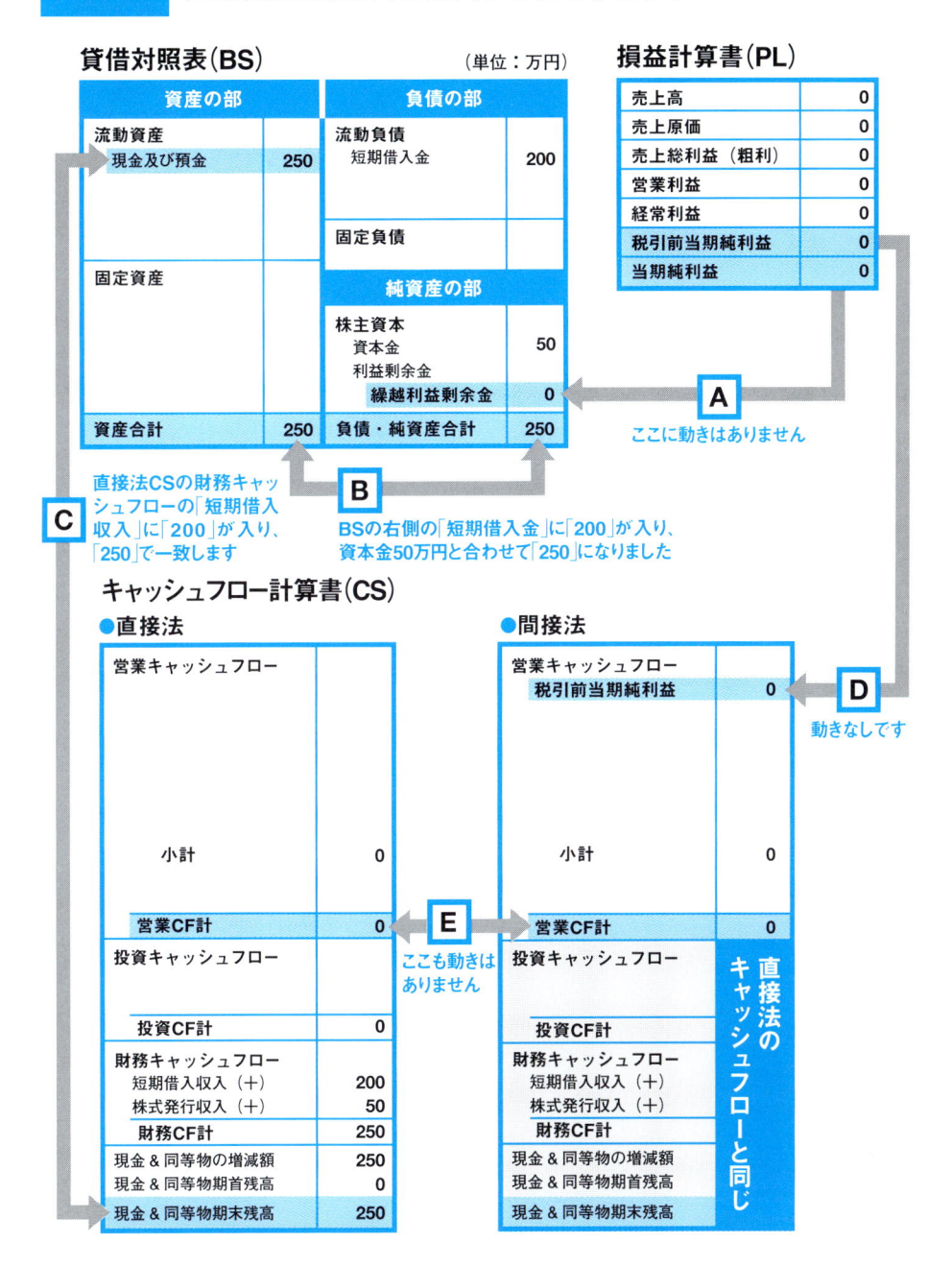

貸借対照表（BS）
（単位：万円）

資産の部		負債の部	
流動資産		流動負債	
現金及び預金	250	短期借入金	200
		固定負債	
固定資産		純資産の部	
		株主資本	
		資本金	50
		利益剰余金	
		繰越利益剰余金	0
資産合計	250	負債・純資産合計	250

損益計算書（PL）

売上高	0
売上原価	0
売上総利益（粗利）	0
営業利益	0
経常利益	0
税引前当期純利益	0
当期純利益	0

A ここに動きはありません

B BSの右側の「短期借入金」に「200」が入り、資本金50万円と合わせて「250」になりました

C 直接法CSの財務キャッシュフローの「短期借入収入」に「200」が入り、「250」で一致します

キャッシュフロー計算書（CS）

●直接法

営業キャッシュフロー	
小計	0
営業CF計	0
投資キャッシュフロー	
投資CF計	0
財務キャッシュフロー	
短期借入収入（＋）	200
株式発行収入（＋）	50
財務CF計	250
現金＆同等物の増減額	250
現金＆同等物期首残高	0
現金＆同等物期末残高	250

●間接法

営業キャッシュフロー	
税引前当期純利益	0
小計	0
営業CF計	0
投資キャッシュフロー	
投資CF計	
財務キャッシュフロー	
短期借入収入（＋）	
株式発行収入（＋）	
財務CF計	
現金＆同等物の増減額	
現金＆同等物期首残高	
現金＆同等物期末残高	

D 動きなしです

E ここも動きはありません

直接法のキャッシュフローと同じ

PART 2 03 事務用品の購入とコンピュータの購入では会計上何が違うのか？

　これであなたの会社は50万円の資本金と200万円の借入、合わせて250万円のお金を集めてきたことになります。これからグラッパの販売を開始するわけですが、あなたの会社にはまだ、筆記用具やファイルなどの事務用品がありません。また、ネット販売ですからコンピュータも不可欠です。

　まずは事務用品10万円分を現金で購入したとき、財務3表がどうなっているか図表2-4を見ながら説明しましょう。

　事務用品は営業活動を行なううえで必要な物品ですから、ＰＬの販売費及び一般管理費に10万円が計上されます。**この時点で売上は「0」ですから、営業利益以下の利益はすべて「-10」となります。この「-10」が、ＢＳの繰越利益剰余金とつながっています。ＢＳの左側は、現金が10万円減り240万円となっています。**こうやって図を見ながら勉強すると、「ＰＬとＢＳはつながっている」という意味が簡単に理解できると思います。

　直接法ＣＳの営業キャッシュフローでは、「その他の営業支出」に「-10」が入ります。「その他の営業支出」という言葉には、あまりこだわらないでください。「商品の仕入支出」と「人件費支出」以外の諸々の営業に関する支出を、「その他の営業支出」としてまとめてあるだけです。**ＣＳの一番下の残高とＢＳの「現金及び預金」が240万円で一致**していますね。

　間接法ＣＳには、10万円の現金の動きが反映されたＰＬの税引前当期純利益「-10」が入ってきますから、そのまま下に降ろせば、直接法ＣＳの営業キャッシュフローと一致します。

■ コンピュータ40万円を現金購入しました

　次に、コンピュータ40万円の現金購入です。コンピュータの購入は、事

図表 2-4　事務用品10万円分を現金で購入するとこうなる！

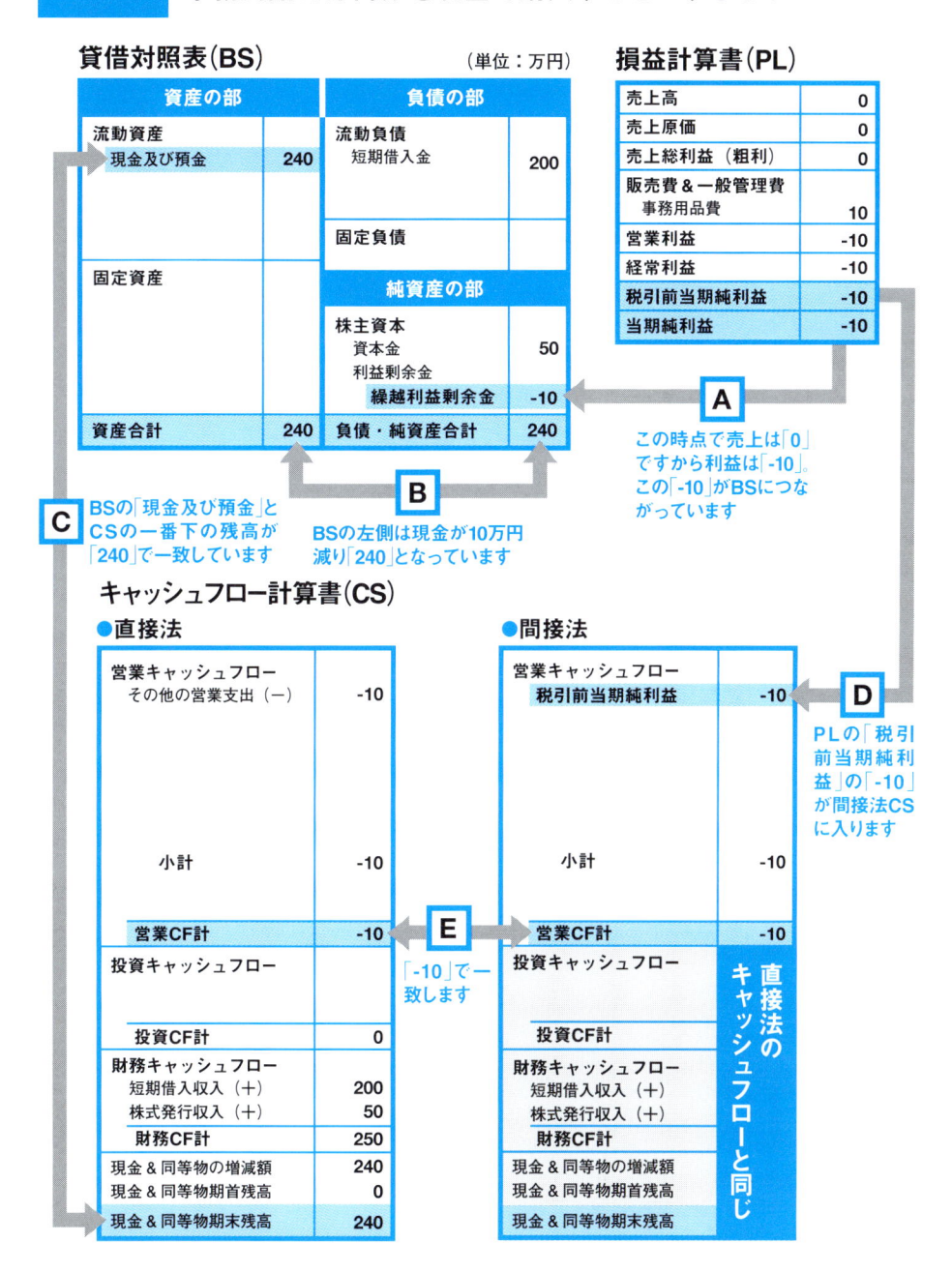

貸借対照表（BS）
（単位：万円）

資産の部		負債の部	
流動資産		流動負債	
現金及び預金	240	短期借入金	200
		固定負債	
固定資産		純資産の部	
		株主資本	
		資本金	50
		利益剰余金	
		繰越利益剰余金	-10
資産合計	240	負債・純資産合計	240

損益計算書（PL）

売上高	0
売上原価	0
売上総利益（粗利）	0
販売費＆一般管理費	
事務用品費	10
営業利益	-10
経常利益	-10
税引前当期純利益	-10
当期純利益	-10

A この時点で売上は「0」ですから利益は「-10」。この「-10」がBSにつながっています

B BSの左側は現金が10万円減り「240」となっています

C BSの「現金及び預金」とCSの一番下の残高が「240」で一致しています

キャッシュフロー計算書（CS）

●直接法

営業キャッシュフロー	
その他の営業支出（ー）	-10
小計	-10
営業CF計	-10
投資キャッシュフロー	
投資CF計	0
財務キャッシュフロー	
短期借入収入（＋）	200
株式発行収入（＋）	50
財務CF計	250
現金＆同等物の増減額	240
現金＆同等物期首残高	0
現金＆同等物期末残高	240

●間接法

営業キャッシュフロー	
税引前当期純利益	-10
小計	-10
営業CF計	-10
投資キャッシュフロー	
投資CF計	
財務キャッシュフロー	
短期借入収入（＋）	
株式発行収入（＋）	
財務CF計	
現金＆同等物の増減額	
現金＆同等物期首残高	
現金＆同等物期末残高	

D PLの「税引前当期純利益」の「-10」が間接法CSに入ります

E 「-10」で一致します

直接法のキャッシュフローと同じ

PART 2　これがわかれば会計の全体像が見えてくる

務用品の購入とは処理が少し違います。事務用品は一般的にすぐに使ってしまうものという認識ですが、コンピュータは何年にもわたって使い続けるものです。このコンピュータを使って毎年利益を上げていくわけですから、コンピュータの費用を購入した年だけに40万円分計上すると、**第1期の費用だけが莫大に計上され、次の年からの費用が「0」になってしまい、毎年の収益と費用の対応関係がおかしくなってしまいます。**

ですからコンピュータのＰＬへの費用計上は、コンピュータの購入額をコンピュータが使われる年数で按分して行なうわけです。このことを「減価償却」というのですが、これについては84ページで詳しく説明します。

ここでは、とりあえずＰＬの費用計上のことは無視して、現金40万円でコンピュータを購入したことだけを財務3表に展開していきましょう。

図表2-5をご覧ください。ＰＬへの費用計上は無視していますので、ＰＬに変化はありません。ＢＳの左側は現金が40万円分減って、それが工具器具備品のところに計上されています。このようにＢＳの左側は、会社が集めてきたお金が、現金の形として200万円、コンピュータという工具器具備品の形として会社の中に40万円存在していることを表しているのです。

直接法ＣＳは、投資キャッシュフローに「−40」が入ります。ＣＳはあくまでも現金の出入りを表しています。コンピュータという固定資産の購入のために40万円が会社の外に出ていったことを表しています。**ＢＳの固定資産に現金の動きがあると基本的にはＣＳの投資キャッシュフローの数字が動く、と覚えておいてください。**両方の欄が、会社が「何かに投資する」という行為を表しますからそうなるわけです。

今回の取引でも営業キャッシュフローは何も動きません。

図表 2-5　コンピュータ40万円分を現金で購入するとこうなる！

貸借対照表（BS）
（単位：万円）

資産の部		負債の部	
流動資産		流動負債	
現金及び預金	200	短期借入金	200
		固定負債	
固定資産		**純資産の部**	
工具器具備品	40	株主資本	
		資本金	50
		利益剰余金	
		繰越利益剰余金	-10
資産合計	240	負債・純資産合計	240

損益計算書（PL）

売上高	0
売上原価	0
売上総利益（粗利）	0
販売費＆一般管理費	
事務用品費	10
営業利益	-10
経常利益	-10
税引前当期純利益	-10
当期純利益	-10

A 動きなしです

B BSの左側の「現金及び預金」が40万円減って「工具器具備品」のところに移っています

C CSの「投資キャッシュフロー」に「-40」が入り「200」で一致します

キャッシュフロー計算書（CS）

●直接法

営業キャッシュフロー	
その他の営業支出（－）	-10
小計	-10
営業CF計	**-10**
投資キャッシュフロー	
固定資産取得（－）	-40
投資CF計	**-40**
財務キャッシュフロー	
短期借入収入（＋）	200
株式発行収入（＋）	50
財務CF計	**250**
現金＆同等物の増減額	200
現金＆同等物期首残高	0
現金＆同等物期末残高	**200**

●間接法

営業キャッシュフロー	
税引前当期純利益	-10
小計	-10
営業CF計	**-10**
投資キャッシュフロー	
固定資産取得（－）	
投資CF計	
財務キャッシュフロー	
短期借入収入（＋）	
株式発行収入（＋）	
財務CF計	
現金＆同等物の増減額	
現金＆同等物期首残高	
現金＆同等物期末残高	

D 動きなしです

E 営業キャッシュフローは動きません

直接法のキャッシュフローと同じ

PART 2　これがわかれば会計の全体像が見えてくる

PART 2 04 現金で商品を仕入れて現金で販売すると、財務3表のどこが動く？

ついに商売開始です。

グラッパ30万円分を現金で仕入れて、60万円分の売上を上げたとしましょう。

図表2−6を見ながら説明します。

ＰＬの売上は60万円ですね。売上原価が30万円ですから、売上総利益は30万円になります。事務用品10万円をすでに購入していましたから、**営業利益以下の利益は20万円**ですね。**当期純利益の20万円が繰越利益剰余金の「20」につながっています。**

ＢＳの左側の「現金及び預金」は、売上高として現金が60万円入ってきて、仕入代金として30万円を支払ったのですから、差し引き30万円増えて230万円になっています。**ＢＳの右側と左側は一致していますね。**

直接法ＣＳは「営業収入」に「60」が入り、「商品の仕入支出」に「−30」が入ります。下まで合計すると残高は「230」になり、ＢＳの「現金及び預金」と一致しています。

間接法ＣＳは、売上高60万円と売上原価30万円を反映した「税引前当期純利益」の20万円を営業キャッシュフローの一番上に持ってきています。これら2つの現金の動きを反映した「税引前当期純利益」ですから、そのまま下に降ろすと左側にある直接法ＣＳの営業キャッシュフローである「20」と一致します。

図表2-6 商品30万円分を現金で仕入れ、60万円を販売するとこうなる！

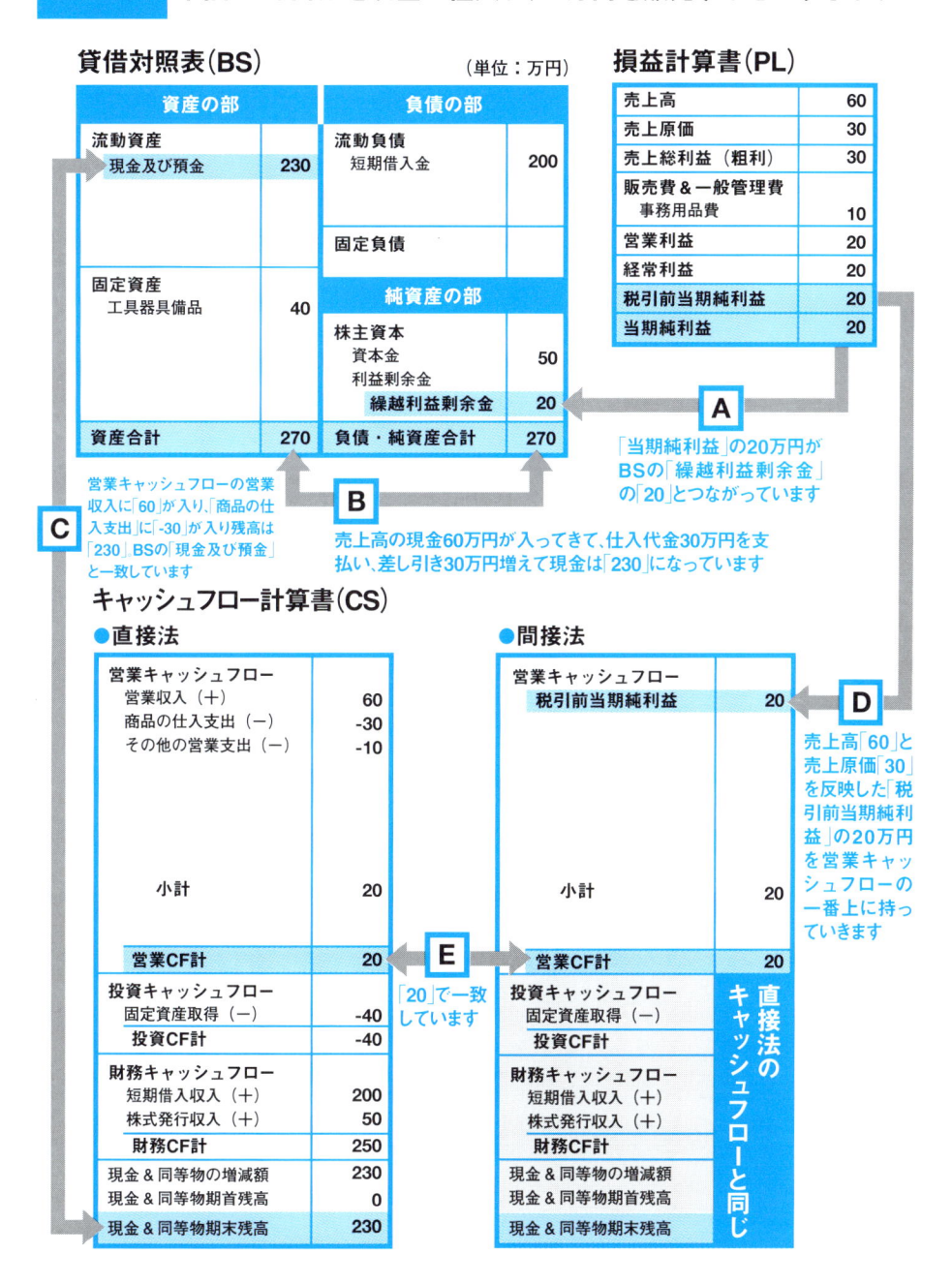

貸借対照表（BS）
（単位：万円）

資産の部

流動資産		
現金及び預金		230
固定資産		
工具器具備品		40
資産合計		**270**

負債の部

流動負債		
短期借入金		200
固定負債		

純資産の部

株主資本		
資本金		50
利益剰余金		
繰越利益剰余金		20
負債・純資産合計		**270**

損益計算書（PL）

売上高	60
売上原価	30
売上総利益（粗利）	30
販売費＆一般管理費	
事務用品費	10
営業利益	20
経常利益	20
税引前当期純利益	20
当期純利益	20

A　「当期純利益」の20万円がBSの「繰越利益剰余金」の「20」とつながっています

B　売上高の現金60万円が入ってきて、仕入代金30万円を支払い、差し引き30万円増えて現金は「230」になっています

C　営業キャッシュフローの営業収入に「60」が入り、商品の仕入支出に「-30」が入り残高は「230」BSの「現金及び預金」と一致しています

キャッシュフロー計算書（CS）

●直接法

営業キャッシュフロー	
営業収入（＋）	60
商品の仕入支出（－）	-30
その他の営業支出（－）	-10
小計	20
営業CF計	**20**
投資キャッシュフロー	
固定資産取得（－）	-40
投資CF計	**-40**
財務キャッシュフロー	
短期借入収入（＋）	200
株式発行収入（＋）	50
財務CF計	**250**
現金＆同等物の増減額	230
現金＆同等物期首残高	0
現金＆同等物期末残高	**230**

●間接法

営業キャッシュフロー	
税引前当期純利益	20
小計	20
営業CF計	**20**
投資キャッシュフロー	
固定資産取得（－）	
投資CF計	
財務キャッシュフロー	
短期借入収入（＋）	
株式発行収入（＋）	
財務CF計	
現金＆同等物の増減額	
現金＆同等物期首残高	
現金＆同等物期末残高	

D　売上高「60」と売上原価「30」を反映した「税引前当期純利益」の20万円を営業キャッシュフローの一番上に持っていきます

E　「20」で一致しています

直接法のキャッシュフローと同じ

PART 2　これがわかれば会計の全体像が見えてくる

PART 2 05　買掛で商品を仕入れて売掛で販売しても現金は動かない。さあ財務3表はどうなる？

　現金商売をしたときの財務3表の動きは簡単でした。これから説明する掛け商売が、財務3表を一体で理解する勉強法の本番です。PART 1で説明したように、会計ではその期の事業活動を正しく反映させるために、「**商品やサービスが提供された時点で売上として計上する**」という決まりにしています。
　今回は、買掛で商品200万円分を仕入れて、売掛で400万円の売上を上げる例を図表2−7で説明しましょう。
　買掛とか売掛という言葉が難しいかもしれませんが、「ツケ」で商品を買ったり売ったりする商売形態のこと、つまり**代金の支払いが商品やサービスを購入した後しばらくしてから行なわれる取引**のことです。
　グラッパ200万円分を買掛で仕入れました。すでに現金で仕入れた30万円がありますから、この期が始まってからこの時点までの仕入れ（売上原価）は合計で230万円になります。売掛での売上は400万円ですが、これもすでに60万円分の現金の売上がありますから、この時点までの売上高は460万円ですね。このことにより当期純利益は220万円になります。この売掛400万円と買掛200万円の取引によって利益が200万円増えたことになります。
　ＢＳ左側の「現金及び預金」はまったく動きません。この時点では現金の動きはないのです。では、何が動くのでしょう。買掛の仕入れに対しては、負債の部に買掛金200万円が計上されます。
　買掛金とはどういうものでしょう。もし、取引先に「現金取引しか受け付けない」と言われ、あなたが現金を持っていなければ、あなたは200万円を銀行から借りてきて支払いをしなければなりません。つまり**買掛の商売は、仕入先が「仕入先」と「銀行」の2つの機能を果たしてくれているような**

図表 2-7 商品200万円分を買掛で仕入れ、400万円を売掛で販売するとこうなる！

貸借対照表（BS）
（単位：万円）

資産の部

流動資産	
現金及び預金	230
売掛金	400

固定資産	
工具器具備品	40

| 資産合計 | 670 |

負債の部

流動負債	
買掛金	200
短期借入金	200

| 固定負債 | |

純資産の部

株主資本	
資本金	50
利益剰余金	
繰越利益剰余金	220

| 負債・純資産合計 | 670 |

損益計算書（PL）

売上高	460
売上原価	230
売上総利益（粗利）	230
販売費＆一般管理費	
事務用品費	10
営業利益	220
経常利益	220
税引前当期純利益	220
当期純利益	220

A 「当期純利益」は「220」になりました

B BSの右と左は「670」で一致していますが、左の「現金及び預金」の「230」はまったく動いていません

C 動きなしです

キャッシュフロー計算書（CS）

●直接法

営業キャッシュフロー	
営業収入（＋）	60
商品の仕入支出（－）	-30
その他の営業支出（－）	-10
小計	20
営業CF計	**20**
投資キャッシュフロー	
固定資産取得（－）	-40
投資CF計	**-40**
財務キャッシュフロー	
短期借入収入（＋）	200
株式発行収入（＋）	50
財務CF計	**250**
現金＆同等物の増減額	230
現金＆同等物期首残高	0
現金＆同等物期末残高	230

●間接法

営業キャッシュフロー	
税引前当期純利益	220
売上債権の増加（－）	-400
仕入債務の増加（＋）	200
小計	20
営業CF計	**20**
投資キャッシュフロー	
固定資産取得（－）	
投資CF計	
財務キャッシュフロー	
短期借入収入（＋）	
株式発行収入（＋）	
財務CF計	
現金＆同等物の増減額	
現金＆同等物期首残高	
現金＆同等物期末残高	

D 売上高「460」と売上原価「230」を反映して220万円になっています

E 動きなしです

直接法のキャッシュフローと同じ

PART 2　これがわかれば会計の全体像が見えてくる

ものなのです。

　ここでもう少し詳しく「負債」の意味を説明すると、**負債とは「将来支払わなければならない義務」**のことです。将来200万円を支払わなければならない義務（買掛金）を負ったということです。**短期借入金の200万円も同じです。これも、将来支払わなければならない義務です。**

　もしこれが現金の仕入れであれば、ＰＬに200万円の売上原価が計上され、ＰＬの利益が200万円分下がって、それがＢＳの右側を200万円押し下げます。ＢＳの左側は現金が200万円なくなるわけですが、今回は買掛であり、この時点で現金は動きません。現金が動かないのにＰＬの売上原価に200万円を計上し、それによってＢＳの右側が200万円下がったことに対応するのが、ＢＳの買掛金の200万円なのです。

　ＢＳの売掛金400万円も同じようなものです。

　今回の売掛で、将来400万円を支払ってもらえる権利を保有しました。その400万円の権利を売掛金として資産に計上するわけです。買掛の仕入れでＰＬを200万円押し下げた分をＢＳの右側に買掛金として認識し、売掛の販売で売上が400万円上がりＰＬを押し上げた分をＢＳの左側に400万円の売掛金として認識するわけです。

■ 実際の現金の動きを求める

　直接法ＣＳは、現金の動きがありませんからまったく動きがありません。間接法ＣＳの「逆算の窓」が今回機能します。売掛の400万円は現金の動きがないのに利益を400万円押し上げました。また、買掛の200万円は現金の動きがないのに利益を200万円押し下げましたね。

「税引前当期純利益」から現金の動きを求めようとすると、売掛によって税引前当期純利益が上がれば、その分を税引前当期純利益から差し引いておかなければ現金の動きになりませんし、**買掛で利益が下がれば、その分を足し戻しておかなければ現金の動きは求めることはできない**のです。具体的には「売上債権の増加」の項目に「－400」を入れて差し引き、「仕入債務の増加」の項目に「200」を入れて足し戻すことになります。

　こうやって、「税引前当期純利益」から実際の現金の動きを求めているのが間接法のＣＳなのです。

　ご理解いただけましたか。たぶん、今回がPART 2の中でも一番難しいところだと思います。売掛と買掛の概念と、それがどのように財務3表に反映されていくかがわかれば、会計の基本的な仕組みはかなりわかったことになります。**よくわからなければ、もう一度読み返してみてください。ここがポイント**です。

PART 2 06 「買掛金を支払い売掛金を回収しても、PLは変化しない」とはどういうこと？

　では買掛と売掛の商売が成立して、しばらくしてから買掛金を支払い、売掛金の一部が回収できたとします。これらの取引を財務3表に展開してみましょう。

　図表2-8で説明していきます。

　まずは、買掛で仕入れていたグラッパの代金200万円の支払いです。買掛で仕入れた200万円のグラッパは、すでに仕入れたときにPLに売上原価として計上されていますから、買掛金を支払ってもPLは何も変化しません。ここでもおわかりいただけるように、**現金の動きとPLの動きは対応していないのです。**

　BSは、ここで現金200万円が出ていきます。BSの右側は何が変化するでしょう。そうです、買掛金200万円がなくなります。将来支払わなければならない義務をここで果たしたわけです。

　直接法CSは、ここで実際現金が出ていくわけですから「-200」が営業キャッシュフローの中の「商品の仕入支出」として計上されます。CSは期が始まってからいままでのフロー、つまりいままでの合計額を表していますから、すでに現金で仕入れていた「-30」に今回の「-200」が加えられて、期が始まってからこれまでに「-230」が商品の仕入支出として出ていったことを意味しています。

　CSとPLはフロー、つまり期が始まってからいままでの合計額を表し、BSはストック、つまりある時点での資産と負債及び純資産の額がどれだけかを表しているのです。

　間接法CSは、今回少し違った動きをします。間接法CSの一番上に持ってくるPLの税引前当期純利益は今回の買掛金の支払いでは何も変化していません。220万円のままです。しかし、実際には現金200万円が出ていって

図表 2-8 買掛で仕入れていた商品代金200万円の支払いをするとこうなる！

貸借対照表(BS) (単位：万円)

資産の部		負債の部	
流動資産		流動負債	
現金及び預金	30	買掛金	0
売掛金	400	短期借入金	200
		固定負債	
固定資産		純資産の部	
工具器具備品	40	株主資本	
		資本金	50
		利益剰余金	
		繰越利益剰余金	220
資産合計	470	負債・純資産合計	470

損益計算書(PL)

売上高	460
売上原価	230
売上総利益（粗利）	230
販売費＆一般管理費	
事務用品費	10
営業利益	220
経常利益	220
税引前当期純利益	220
当期純利益	220

A 動きなしです。「買掛金」を支払ってもPLは何も変化しません

B 「買掛金」が「0」になり、左の「現金及び預金」も200万円減って「30」になりました

C 営業キャッシュフローの「商品の仕入支出」に出ていった200万円が計上され「-230」になり、残高も「30」で一致します

キャッシュフロー計算書(CS)

●直接法

営業キャッシュフロー	
営業収入（＋）	60
商品の仕入支出（－）	-230
その他の営業支出（－）	-10
小計	-180
営業CF計	-180
投資キャッシュフロー	
固定資産取得（－）	-40
投資CF計	-40
財務キャッシュフロー	
短期借入収入（＋）	200
株式発行収入（＋）	50
財務CF計	250
現金＆同等物の増減額	30
現金＆同等物期首残高	0
現金＆同等物期末残高	30

●間接法

営業キャッシュフロー	
税引前当期純利益	220
売上債権の増加（－）	-400
仕入債務の増加（＋）	0
小計	-180
営業CF計	-180
投資キャッシュフロー	
固定資産取得（－）	-40
投資CF計	
財務キャッシュフロー	
短期借入収入（＋）	
株式発行収入（＋）	
財務CF計	
現金＆同等物の増減額	
現金＆同等物期首残高	
現金＆同等物期末残高	

D ここは動きなしです

E 間接法CSの「仕入債務の増加」が「0」になり、「-180」で一致します

直接法のキャッシュフローと同じ

いるのです。このことは、買掛金の支払い、つまり仕入債務が減少したことで表します。

　買掛金が増えると、間接法ＣＳの「仕入債務の増加」が増加しましたが、買掛金が減ると「仕入債務の増加」が減少するわけです。今回の買掛金の支払いで買掛金200万円がなくなりますので、「仕入債務の増加」の「200」が「0」になるわけです。これで、直接法ＣＳの営業キャッシュフローと間接法ＣＳの営業キャッシュフローが一致しています。

■ お金を借りなければ会社が回らない

　ここで、「勘定合って銭足らず」のお話をしておきましょう。

　現時点で、皆さんの会社は220万円の「税引前当期純利益」があります。この時点で期末の決算期を迎えたとしましょう。決算期を迎えれば、税金を支払わなければなりません。会社にもよりますが、税率は法人税、法人住民税、法人事業税を合わせてだいたい40％くらいです。この税率は税引前当期純利益に対してかけられるのではなく、「課税所得」に対してかけられるのですが、このことはあとで詳しく説明します。

　ここでは、税引前当期純利益の額と同じ220万円が課税所得だとして、この220万円に対して40％の税金がかかったとしましょう。88万円ですね。あなたの会社は税金88万円を納めなければなりませんが、あなたの会社にいまある現金は30万円です。さあ、どうしますか？　88万円くらいであれば社長であるあなたのポケットマネーを、あなたの会社に貸し付けて税金を支払う原資とすることもできるでしょう。

　しかし、もしいまやっているビジネスが二桁くらい大きいものだとしたら

どうでしょう。8800万円の税金です。でもあなたの会社にはいま3000万円しかない。さあ、どうしますか？　あなたの会社は、税金を支払うために銀行からお金を借りないといけないのです。そして、このような状況が、現実の会社では一般的なのです。買掛金の支払いが先で、売掛金の回収が後というのが商売の流れとしては普通ですから。

　これが「勘定合って銭足らず」の状況です。**利益は出ているのに、手元には税金を支払うための現金もないという状況**です。「勘定合って銭足らず」の状況が感覚的につかめましたでしょうか。

■ 売掛金の回収とPL

　次は、売掛金の回収です。売掛金400万円のうち300万円が回収できたとします。

　図表2-9で説明していきましょう。

　買掛金と同じように、売掛金400万円はすでにPLに計上していますから、売掛金を回収してもPLに動きはありません。

　BSの現金は、300万円増えて330万円になっています。その下の売掛金は300万円が回収できたのですから、「400」が「100」に減っています。**将来支払ってもらえる権利400万円が、300万円を回収したことにより残り100万円になったということです。**数字的には売掛金の300万円分が、上の「現金及び預金」の項目に移っただけですね。

　直接法CSは、営業キャッシュフローの「営業収入」が300万円増えます。ここもすでに現金で販売していた60万円がありましたから、期が始まってからいままでの営業収入の合計は360万円になっています。

図表 2-9　売掛金400万円のうち300万円を回収するとこうなる！

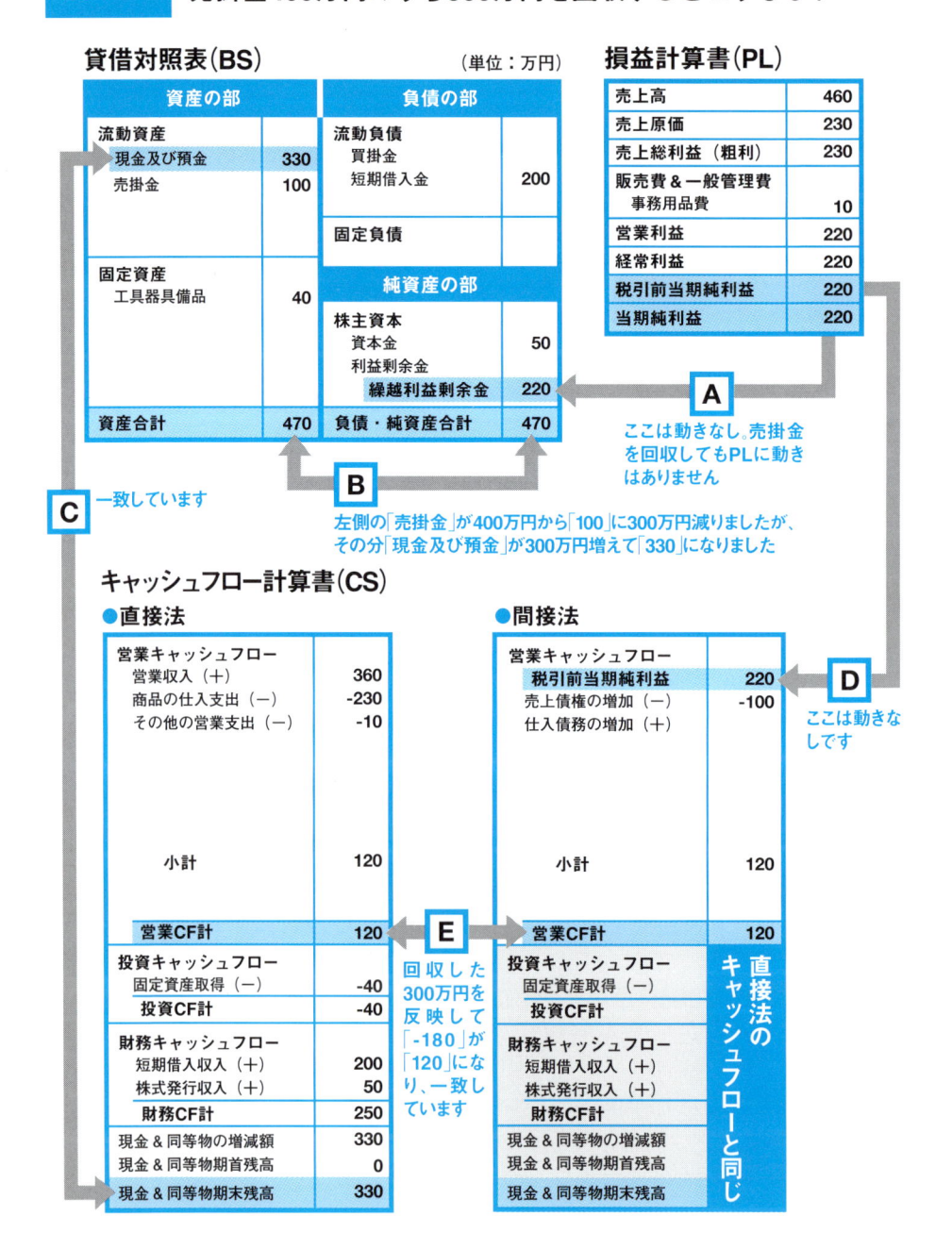

貸借対照表(BS)
（単位：万円）

資産の部		負債の部	
流動資産		流動負債	
現金及び預金	330	買掛金	
売掛金	100	短期借入金	200
		固定負債	
固定資産		純資産の部	
工具器具備品	40	株主資本	
		資本金	50
		利益剰余金	
		繰越利益剰余金	220
資産合計	470	負債・純資産合計	470

損益計算書(PL)

売上高	460
売上原価	230
売上総利益（粗利）	230
販売費＆一般管理費	
事務用品費	10
営業利益	220
経常利益	220
税引前当期純利益	220
当期純利益	220

A ここは動きなし。売掛金を回収してもPLに動きはありません

B 左側の「売掛金」が400万円から「100」に300万円減りましたが、その分「現金及び預金」が300万円増えて「330」になりました

C 一致しています

キャッシュフロー計算書(CS)

●直接法

営業キャッシュフロー	
営業収入（＋）	360
商品の仕入支出（－）	-230
その他の営業支出（－）	-10
小計	120
営業CF計	120
投資キャッシュフロー	
固定資産取得（－）	-40
投資CF計	-40
財務キャッシュフロー	
短期借入収入（＋）	200
株式発行収入（＋）	50
財務CF計	250
現金＆同等物の増減額	330
現金＆同等物期首残高	0
現金＆同等物期末残高	330

●間接法

営業キャッシュフロー	
税引前当期純利益	220
売上債権の増加（－）	-100
仕入債務の増加（＋）	
小計	120
営業CF計	120
投資キャッシュフロー	
固定資産取得（－）	
投資CF計	
財務キャッシュフロー	
短期借入収入（＋）	
株式発行収入（＋）	
財務CF計	
現金＆同等物の増減額	
現金＆同等物期首残高	
現金＆同等物期末残高	

D ここは動きなしです

E 回収した300万円を反映して「-180」が「120」になり、一致しています

直接法のキャッシュフローと同じ

間接法ＣＳの一番上の税引前当期純利益は、相変わらず 220 万円のままです。しかし今回の売掛金の回収で、現金は実際に 300 万円入ってきているわけです。このことが、**間接法ＣＳでは、「売上債権の増加」**の変動ということで「－400」が「－100」になり、「300」増えたということで表されています。

　間接法ＣＳでは、売掛金が増えれば、「売上債権の増加」をマイナスして現金の動きを求めていたわけですが、売掛金が減れば、「売上債権の増加」をプラスし現金の動きを求めるわけです。これで直接法ＣＳの営業キャッシュフローと間接法ＣＳの営業キャッシュフローが一致していますね。

　このように、**買掛金の支払いや売掛金の回収では、ＰＬに変化はないのです。**

PART 2 07 借入金の元金の支払額は、PLのどこに表れるのか？

　売掛金も回収できたので、起業したときに借りた短期借入金を返済しておくことにしましょう。借入金200万円に対して10万円の利息がかかったとします。

　短期借入金200万円を借り入れたときにPLは何も動きませんでしたね。ですから、200万円を返してもPLは何も変化しません。このように、財務活動によるキャッシュフローはPLには影響しないのです。ただ、**利息は別です**。あなたの会社は借入をして事業活動をしているわけですから、この借入に対する利息は何らかの形でPLの費用として計上しておく必要があります。PART 1で説明したように、支払利息は営業外費用に計上されることになっています。

　図表2-10を見ながら説明していきましょう。

　PLの営業外費用のところに「支払利息」として10万円が計上されます。この影響で当期純利益が10万円押し下げられ、BSの繰越利益剰余金が10万円少なくなります。

　BSの現金及び預金は、短期借入金の元金の200万円と利息の10万円の合計の210万円が少なくなり、120万円になっています。BSの右側は、短期借入金を返済したのですから、短期借入金が「0」になっています。これでBSの右側は短期借入金が「200」少なくなり、繰越利益剰余金が「10」下がり、合計「210」減りました。BSの左側は現金が「210」出ていきましたから、BSの左右の合計が一致しています。

　直接法CSは、利息の支払いは営業キャッシュフローの「小計」の下に表れます。元金の返済は、財務キャッシュフローでしたね。財務キャッシュフローの短期借入返済に「-200」が計上されています。

　今回は、間接法CSが少しややこしくなります。間接法CSの一番上の税

図表 2-10 短期借入金200万円の返済と利息10万円の支払いをするとこうなる！

貸借対照表（BS）
（単位：万円）

資産の部		負債の部	
流動資産		**流動負債**	
現金及び預金	120	買掛金	
売掛金	100	短期借入金	0
		固定負債	
固定資産		**純資産の部**	
工具器具備品	40	**株主資本**	
		資本金	50
		利益剰余金	
		繰越利益剰余金	210
資産合計	260	負債・純資産合計	260

損益計算書（PL）

売上高	460
売上原価	230
売上総利益（粗利）	230
販売費＆一般管理費	
事務用品費	10
営業利益	220
営業外費用	
支払利息	10
経常利益	210
税引前当期純利益	210
当期純利益	210

A 「支払利息」として10万円が計上され、「210」になっています

B 「短期借入金」200万円と「利息」10万円の合計分が減って「260」となっています

C 「現金及び預金」が210万円減って「120」になっています

キャッシュフロー計算書（CS）

●直接法

営業キャッシュフロー	
営業収入（＋）	360
商品の仕入支出（－）	-230
その他の営業支出（－）	-10
小計	120
利息の支払額（－）	-10
営業CF計	**110**
投資キャッシュフロー	
固定資産取得（－）	-40
投資CF計	**-40**
財務キャッシュフロー	
短期借入収入（＋）	200
短期借入返済（－）	-200
株式発行収入（＋）	50
財務CF計	**50**
現金＆同等物の増減額	120
現金＆同等物期首残高	0
現金＆同等物期末残高	120

●間接法

営業キャッシュフロー	
税引前当期純利益	210
支払利息（＋）	10
売上債権の増加（－）	-100
仕入債務の増加（＋）	
小計	120
利息の支払額（－）	-10
営業CF計	**110**
投資キャッシュフロー	
固定資産取得（－）	
投資CF計	
財務キャッシュフロー	
短期借入収入（＋）	
短期借入返済（－）	
株式発行収入（＋）	
財務CF計	
現金＆同等物の増減額	
現金＆同等物期首残高	
現金＆同等物期末残高	

D 「210」を一番上に持ってきます

E 間接法CSの「支払利息」に10万円が足し戻され一致しています

直接法のキャッシュフローと同じ

PART 2 これがわかれば会計の全体像が見えてくる

引前当期純利益には、ＰＬの支払利息の10万円が反映された「210」がきています。ところが、ＣＳの営業キャッシュフローの「小計」の下にも「利息の支払額」の項目があります。これでは、ＰＬで一度反映された利息の10万円が二度計上されることになり、直接法ＣＳと間接法ＣＳの営業キャッシュフローが合わなくなってしまいます。

実は、間接法ＣＳの営業キャッシュフローの「小計」の上に「支払利息」の項目があり、ここで10万円足し戻しています。これで、直接法ＣＳと間接法ＣＳの営業キャッシュフローは一致しますね。

これはどういうことでしょうか？　営業キャッシュフローの「小計」は、純粋な営業キャッシュフローを表すためのものでした。**利息は、純粋な営業キャッシュフローには含まれない。**だから、「小計」の下にあるのです。純粋な営業キャッシュフローを求めようと思えば、利息の影響は排除しておく必要があります。そこでＰＬで反映された「支払利息」の10万円を、間接法ＣＳの「小計」の上の「支払利息」の項目で相殺しているのです。

もう少し詳しく説明をしておきます。実際の企業の財務３表を見ますと、ＰＬの「支払利息」と、間接法ＣＳの「小計」の下の「利息の支払額」は数字が微妙に違っている場合があります。これは、ＰＬの「支払利息」は今期に支払うべき理論上の支払額で、ＣＳの「利息の支払額」は今期に実際に支払った利息の額が計上されるからです。

ＰＬは損益の状況を正しく表すためにありますから、計算上の支払うべき金額が記載されていて、ＣＳは実際の現金の動きを表していますので、実際に支払われた額が記載されているということです。

コラム　費用計上か資産計上か

　ＢＳの右側と左側はバランスするといいましたが、事務用品１０万円を購入したところで疑問に思っている人もいるのではないでしょうか。会計の研修をしていても、「現金で事務用品を買って、いまその事務用品が会社の中にあるのに、ＢＳの資産の部に出てこないのはどうしてか」との質問を受けます。

　会計的に厳密にいえば、事務用品も買った時点では資産に計上し、期末に棚卸しをして使ったものだけを費用として計上するのが望ましい姿です。しかし、金額的に重要でないものは、資産に計上するのではなく、最初からＰＬの費用として計上するのが一般的です。そして、費用として計上したものは基本的に期末までに使いきって、会社には資産として残っていないと認識するのです。

　基本的に期末までに使いきったものは費用として計上し、期末に資産として会社に残っているものはＢＳの資産の部に計上されます。しかし、一部に例外があります。それが次に説明する「繰延資産」です。

PART 2　08　費用なのに資産になる?「繰延資産」とは、たとえばどんなものか?

ここで、繰延資産について説明しておきましょう。

その期に使ってしまって資産に残っていないものは、その期に費用計上するのが原則です。しかし、その費用の効果が将来にわたって現れるようなものの一部は、その期に費用計上するのではなく資産計上することが認められています。たとえば創立費です。創立費とは創立に係る登記費用などですが、創立費は会社設立初年度だけに関係するものではありませんね。会社の将来にわたって影響する費用です。このようなものを、繰延資産として資産計上するのです。

創立費30万円を会計上どう処理するか、図表2-11で説明しましょう。

BSの左側の現金が、30万円少なくなりますね。その30万円を、繰延資産の創立費として計上するのです。形のないものを資産として計上することに違和感があるかもしれませんが、売掛金も形のないものでした。創立費は、すでにお金を使いきっていて資産としては残っていないのですが、お金を使いきっていてもその成果が将来に影響するようなものを繰延資産として計上するのです。ちなみにこの創立費は、固定資産と同じように償却していきます。

直接法CSは、投資キャッシュフローの欄に「その他投資支出」として「-30」が計上されています。

繰延資産として計上できるものには制限があり、2006年5月に会社法が施行されてからは、「創立費」の他には、会社設立後営業開始までに支出した開業準備費用などの「開業費」、開発費用の一部の「開発費」、会社の財務活動によって発生する「社債発行費等」と「株式交付費」の5項目に限定されています。

図表 2-11　創立費30万円の計上をするとこうなる！

貸借対照表（BS）
（単位：万円）

資産の部		負債の部	
流動資産		流動負債	
現金及び預金	90	買掛金	
売掛金	100	短期借入金	0
		固定負債	
固定資産		純資産の部	
工具器具備品	40	株主資本	
		資本金	50
繰延資産		利益剰余金	
創立費	30	繰越利益剰余金	210
資産合計	260	負債・純資産合計	260

損益計算書（PL）

売上高	460
売上原価	230
売上総利益（粗利）	230
販売費＆一般管理費	
事務用品費	10
営業利益	220
営業外費用	
支払利息	10
経常利益	210
税引前当期純利益	210
当期純利益	210

A ここは動きなしです

B 左側の「現金及び預金」が30万円少なくなり、その30万円を「創立費」として計上しますが、左と右は「260」のままとなっています

C 投資キャッシュフローの「その他投資支出」として「-30」計上され、「90」で一致します

キャッシュフロー計算書（CS）

●直接法

営業キャッシュフロー	
営業収入（＋）	360
商品の仕入支出（－）	-230
その他の営業支出（－）	-10
小計	120
利息の支払額（－）	-10
営業CF計	110
投資キャッシュフロー	
固定資産取得（－）	-40
その他投資支出（－）	-30
投資CF計	-70
財務キャッシュフロー	
短期借入収入（＋）	200
短期借入返済（－）	-200
株式発行収入（＋）	50
財務CF計	50
現金＆同等物の増減額	90
現金＆同等物期首残高	0
現金＆同等物期末残高	90

●間接法

営業キャッシュフロー	
税引前当期純利益	210
支払利息（＋）	10
売上債権の増加（－）	-100
仕入債務の増加（＋）	
小計	120
利息の支払額（－）	-10
営業CF計	110
投資キャッシュフロー	
固定資産取得（－）	
その他投資支出（－）	
投資CF計	
財務キャッシュフロー	
短期借入収入（＋）	
短期借入返済（－）	
株式発行収入（＋）	
財務CF計	
現金＆同等物の増減額	
現金＆同等物期首残高	
現金＆同等物期末残高	

D 動きはありません

E ここも動きはありません

直接法のキャッシュフローと同じ

PART 2 09 「棚卸しによる在庫認識でその期の利益が増える」とはどういうことか?

　グラッパの販売も好調で、アッという間に期末を迎えたとします。ここからは決算整理という段階です。これまで、現金で30万円分、買掛で200万円分のグラッパを仕入れ、現金で60万円売上げ、売掛で400万円販売した、と言ってきました。が、一度も30万円で仕入れたグラッパを60万円で売ったとか、200万円で仕入れたグラッパを400万円で販売したとは言っていません。

　つまり、現時点の460万円の売上を作るのにどれだけのグラッパを販売したのかは、この時点ではわかっていないのです。いま仮にあなたの会社の棚を見てみたらグラッパが10万円分残っていたとします。すると、今期の460万円の売上は、実は仕入額として220万円のグラッパを販売して作ったものになりますね。**このように、棚卸しをして在庫と売上原価を確定していくわけですが**、このことが財務3表にどのように展開されていくか見てみましょう。

　今回のグラッパの販売では、各売上に対する売上原価は把握されているのが普通かもしれません。しかし、スーパーマーケットなどの一般の小売業では、売上に対する売上原価を販売のつど対比させているわけではありません。売上高は売上高として1年間積み上がり、仕入高は仕入高として1年間積み上がり、期末に棚卸しをした時点でその期の在庫と正しい売上原価が確定されるのです。

　まずは、その期の売上原価の計算方法を図表2−12で説明しましょう。

　今期の売上原価は、期首の商品棚卸高（これは期首の在庫のことですが、今期は初年度ですから、当然「0」ですね）に当期商品仕入高の230万円を足して、それから期末の商品棚卸高（期末の在庫のことです）10万円を差し引いて求められます。

図表2-12　売上原価の計算

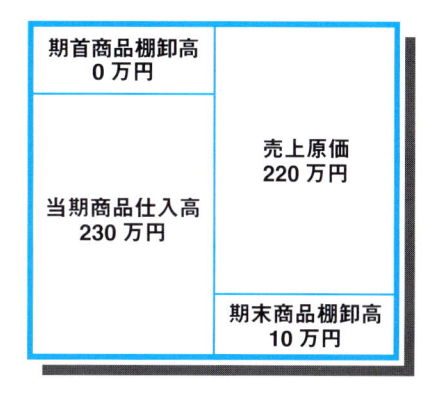

```
┌─────────────────┬─────────────────┐
│ 期首商品棚卸高    │                 │
│    0万円         │                 │
├─────────────────┤   売上原価       │
│                 │   220万円        │
│                 │                 │
│ 当期商品仕入高    │                 │
│   230万円        ├─────────────────┤
│                 │ 期末商品棚卸高    │
│                 │   10万円         │
└─────────────────┴─────────────────┘
```

　これを図表2-13の財務3表に表すと、ＰＬの売上原価の「期首商品棚卸高」は「0」です。「当期商品仕入高」が「230」で、「期末商品棚卸高」が「10」ですから、今期の売上原価は差し引き「220」になります。つまり、仕入額220万円の商品を販売して460万円の売上を上げていたわけです。**このように在庫を認識すれば、在庫の額だけ利益は増えることになります。**

　この在庫認識により当期の売上原価が確定され、そのことによって当期純利益が10万円増え220万円になります。ということは、ＢＳの繰越利益剰余金も10万円増え220万円になります。ところが、棚卸しによって在庫を認識しただけですから現金はまったく動きません。では、ＢＳの左側はどこが変化するでしょう。そうです。商品という在庫を、ここで会計上10万円分認識するわけです。

図表 2-13 棚卸しによる在庫10万円分を認識するとこうなる！

貸借対照表（BS）
（単位：万円）

資産の部		負債の部	
流動資産		流動負債	
現金及び預金	90	買掛金	
売掛金	100	短期借入金	0
商品	10		
		固定負債	
固定資産			
工具器具備品	40	純資産の部	
		株主資本	
		資本金	50
繰延資産		利益剰余金	
創立費	30	繰越利益剰余金	220
資産合計	270	負債・純資産合計	270

損益計算書（PL）

売上高	460
売上原価	
期首商品棚卸高	0
当期商品仕入高	230
期末商品棚卸高	10
差引	220
売上総利益（粗利）	240
販売費＆一般管理費	
事務用品費	10
営業利益	230
営業外費用	
支払利息	10
経常利益	220
税引前当期純利益	220
当期純利益	220

C 「90」で一致しています

B 左側の「商品」という在庫に「10」計上され、「210」になります

A 棚卸し分10万円が増えて「220」となっています

キャッシュフロー計算書（CS）

●直接法

営業キャッシュフロー	
営業収入（＋）	360
商品の仕入支出（－）	-230
その他の営業支出（－）	-10
小計	120
利息の支払額（－）	-10
営業CF計	110
投資キャッシュフロー	
固定資産取得（－）	-40
その他投資支出（－）	-30
投資CF計	-70
財務キャッシュフロー	
短期借入収入（＋）	200
短期借入返済（－）	-200
株式発行収入（＋）	50
財務CF計	50
現金＆同等物の増減額	90
現金＆同等物期首残高	0
現金＆同等物期末残高	90

●間接法

営業キャッシュフロー	
税引前当期純利益	220
支払利息（＋）	10
売上債権の増加（－）	-100
棚卸資産の増加（－）	-10
仕入債務の増加（＋）	
小計	120
利息の支払額（－）	-10
営業CF計	110
投資キャッシュフロー	
固定資産取得（－）	
その他投資支出（－）	
投資CF計	
財務キャッシュフロー	
短期借入収入（＋）	
短期借入返済（－）	
株式発行収入（＋）	
財務CF計	
現金＆同等物の増減額	
現金＆同等物期首残高	
現金＆同等物期末残高	

E 「棚卸資産」の「-10」で相殺され、現金は変わらずの「110」となります

D 在庫を認識したことにより10万円利益が上がった「220」が一番上にきます

直接法のキャッシュフローと同じ

現金の動きがありませんから、直接法ＣＳはまったく動きません。間接法ＣＳの一番上には、在庫を認識したことにより10万円利益が上がった「税引前当期純利益」の「220」がきます。**しかし、現金の動きはないわけですから、この在庫認識の影響を相殺しておかなければなりません。**これが、「棚卸資産の増加」の「－10」です。これで、**「現金に動きはない」という実際の現金の状態がわかるわけです。**

PART 2 10 「費用計上しても現金が出ていかない費用」とは何のこと？

　期首に40万円のコンピュータを購入し、このコンピュータを使って商売をしてきたわけですが、このコンピュータの費用はまだPLに計上されていません。
　このコンピュータを使って売上を上げてきたわけですから、この売上に対応するコンピュータの費用として何らかの形で費用計上しなければなりません。しかし、このコンピュータの費用をコンピュータを購入した年にだけ、購入費用の全額40万円を計上していいでしょうか。このコンピュータは来年も、またその翌年も使います。
　このコンピュータを使って来年もその翌年も売上を上げていくわけなのに、今期に40万円すべてを費用として計上すると、今期の利益だけが著しく少なくなり、来期以降はコンピュータの費用が計上されないということに

図表 2-14　減価償却の考え方

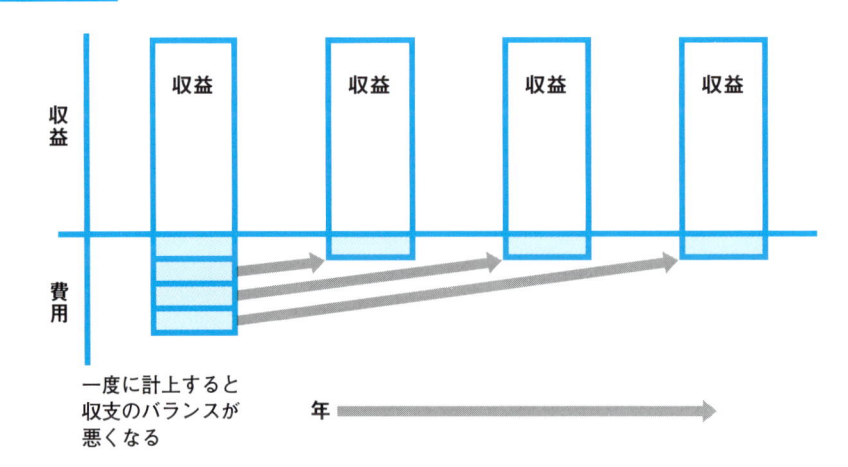

一度に計上すると収支のバランスが悪くなる

なります。

　これでは売上と費用の対応がおかしくなり、毎期の損益が正しく表せなくなりますね。そこで考案されたのが、「減価償却」の考え方です。

　図表２−14で示すように減価償却とは、コンピュータの費用をそれが使われる期間で按分して費用計上していこうというものです。

　税法ではコンピュータの耐用年数は４年と決められています。今回は40万円のコンピュータを４年間、毎年10万円ずつ費用計上していくとしましょう。

　注意していただきたいのは、コンピュータの支払いは、期首のコンピュータ購入時に行なわれているわけで、減価償却費とは、今期のＰＬの正しい損益を計算するために、今期使ったコンピュータの費用だけを計上するということです。

　図表２−15を見てください。

　ＰＬの販売費及び一般管理費の「減価償却費」に10万円を計上します。この影響で、当期純利益とＢＳの繰越利益剰余金が10万円下がりましたね。けれども、減価償却費の計上で現金が動くわけではありませんから、ＢＳの左側の現金はまったく変化しません。何が動くのでしょう。そうです。**今期、コンピュータの価値の10万円分を使って仕事をしたのですから、減価償却費の計上に対応して、帳簿上のコンピュータの価値が10万円下がる（工具器具備品40万円が30万円）**わけです。これによってＢＳはバランスします。これで、減価償却費の意味が完全に頭に入ったと思います。

　現金の動きがありませんから、直接法ＣＳに動きはありません。間接法ＣＳの一番上には、減価償却費の影響を受けた税引前当期純利益「210」がきます。でも実際には現金は動いていませんから、この減価償却費の影響を相

図表 2-15 減価償却費10万円分を計上するとこうなる！

貸借対照表(BS)　（単位：万円）

資産の部		負債の部	
流動資産		**流動負債**	
現金及び預金	90	買掛金	
売掛金	100	短期借入金	
商品	10	未払法人税等	
		固定負債	
固定資産		**純資産の部**	
工具器具備品	30	**株主資本**	
		資本金	50
繰延資産		利益剰余金	
創立費	30	繰越利益剰余金	210
資産合計	260	**負債・純資産合計**	260

C 動きはなしです

B 「工具器具備品」が10万円減り「260」となっています

損益計算書(PL)

売上高	460
売上原価	
期首商品棚卸高	0
当期商品仕入高	230
期末商品棚卸高	10
差引	220
売上総利益（粗利）	240
販売費 & 一般管理費	
事務用品費	10
減価償却費	10
営業利益	220
営業外費用	
支払利息	10
経常利益	210
税引前当期純利益	210
法人税等	
当期純利益	210

A 「減価償却費」10万円が計上され「210」となっています

キャッシュフロー計算書(CS)

●直接法

営業キャッシュフロー	
営業収入（＋）	360
商品の仕入支出（－）	-230
その他の営業支出（－）	-10
小計	120
利息の支払額（－）	-10
営業CF計	**110**
投資キャッシュフロー	
固定資産取得（－）	-40
その他投資支出（－）	-30
投資CF計	**-70**
財務キャッシュフロー	
短期借入収入（＋）	200
短期借入返済（－）	-200
株式発行収入（＋）	50
財務CF計	**50**
現金 & 同等物の増減額	90
現金 & 同等物期首残高	0
現金 & 同等物期末残高	**90**

●間接法

営業キャッシュフロー	
税引前当期純利益	210
減価償却費（＋）	10
支払利息（＋）	10
売上債権の増加（－）	-100
棚卸資産の増加（－）	-10
仕入債務の増加（＋）	
小計	120
利息の支払額（－）	-10
営業CF計	**110**
投資キャッシュフロー	
固定資産取得（－）	
その他投資支出（－）	
投資CF計	
財務キャッシュフロー	
短期借入収入（＋）	
短期借入返済（－）	
株式発行収入（＋）	
財務CF計	
現金 & 同等物の増減額	
現金 & 同等物期首残高	
現金 & 同等物期末残高	

D 「減価償却費」の10万円を反映した「210」が一番上にきます

E 「減価償却費」が増えた分相殺され、現金は変わらず「110」となります

直接法のキャッシュフローと同じ

殺しておく必要があります。それが「減価償却費」の「10」です。減価償却費が増えれば、間接法ＣＳではその分を足し戻しておかなければならないのです。

PART 2 — 11 法人税の額は、どうやって決めるのか?

　これで1年間の主だった取引が終わり、決算整理も行ないました。最後に法人税の計算をしましょう。

　法人税には法人税・法人住民税・法人事業税の3つがあり、3つを合わせて「法人税等」としてPLには記載されています。この法人税・法人住民税・法人事業税はそれぞれに細かく税率が決まっているのですが、この法人税の税率はどの項目の額に対してかかってくるのでしょうか。

　PLの「税引前当期純利益」の下に「法人税等」と書いてあるので、この**「税引前当期純利益」に対して税率がかかってくるように思いがちですが、そうではありません。**

　法人税の計算は税法に則って行なわれ、その期の会社の「課税所得」に対してかかってくるのです。

　いままでの説明は基本的に会計の世界の話をしてきましたが、ここで新しく税法の話が入ってきます。

　図表2－16のように、会計の基準では、「収益」－「費用」＝「利益」ですが、税法では「益金」－「損金」＝「課税所得」となり、この「課税所得」に対して税率がかかってくるのです。

　この2つの式はよく似ていますが、内容が少し違います。会計の「費用」と税法の「損金」についていえば、会計の「費用」項目のほとんどが税法の「損金」になるのですが、**会計の「費用」の一部に、税法の「損金」にならないものがあります。**

　たとえば、交際費は会計上は「費用」となりますが、税法上は「損金」になりません。皆さんも、会社の経理部門の人から、「これは交際費ではなく会議費で処理できませんか」などと言われた経験があるのではないでしょうか。これは、実際には会議のための少量の飲食代を「交際費」として計上し

図表 2-16 税金について

会計の基準と税法の基準による違い

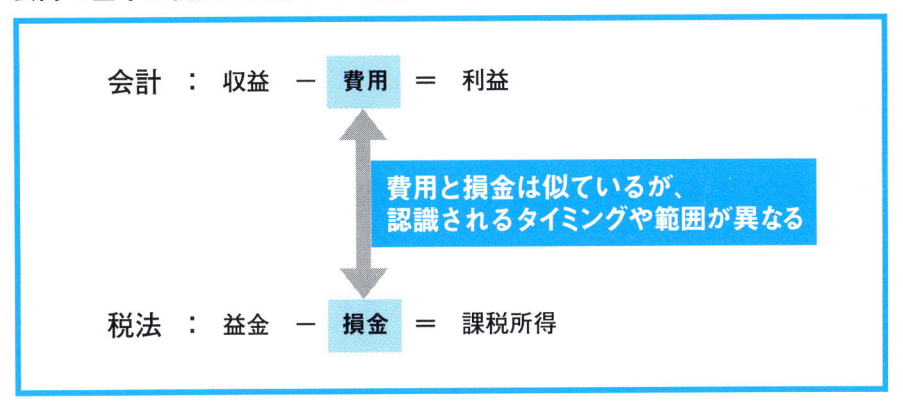

```
会計 ： 収益 － 費用 ＝ 利益

              ↕  費用と損金は似ているが、
                 認識されるタイミングや範囲が異なる

税法 ： 益金 － 損金 ＝ 課税所得
```

ておくと、税法上も基本的には交際費として処理され「損金」として認められず、課税所得が多くなり、その分税金が高くなるからなのです。

いま述べたように交際費は会計上「費用」ですが、税法上は永久に「損金」としては認められません。ところが、一部に会計上の「費用」と税法上の「損金」とで、認識されるタイミングにズレがあるものがあるのです。代表的なものが「貸倒引当金」です。

たとえば、あなたの会社が売掛金を持っている取引相手の会社が会社更生法の更生手続開始を申し立てしたとしましょう。そして、その会社に対する売掛金の回収がほぼ100％不可能と予想される場合、会計上はその時点で100％貸倒引当金として認識することが考えられます。しかし、**税法では一定の要件を満たすまでは50％しか貸倒引当金として認めてもらえません。**

これは、会計と税法の目的が根本的に違うからなのです。会計は会社の状況を正しく説明するのが第一の目的ですが、税法は公平に税金をとることが第一の目的です。この会計と税法の違いから、税効果会計に関する「法人税等調整額」や「繰延税金資産」が出てくるのですが、難しくなるのでここでは割愛します。詳しくお知りになりたい方は、拙著『決算書がスラスラわかる──財務3表一体理解法』（朝日新書）をお読みください。

ここでは、会計と税法の違いだけを認識しておいて、今回は課税所得の額が税引前当期純利益の額と同じ210万円だったとして話を進めます。3つの法人税の合計の税率はだいたい40％くらいになるのですが、話を簡単にするために、210万円の課税所得に対して80万円の法人税等がかかるとしてこれを計上しておきましょう。

ただ、法人税はＰＬに計上するのですが、財務3表を作る期末の時点で法人税等を支払っているわけではないのです。法人税等は各事業年度終了の日の翌日から2カ月以内に支払えばよいことになっています。ですから、法人税等を計上した時点では実際に現金が出ていってはいないのです。

図表2-17を見てください。ＰＬの「法人税等」に80万円が入り、「当期純利益」が80万円押し下げられ130万円になりました。これにより、ＢＳの純資産の部も80万円下がったわけですが、この時点で現金が出ていっているわけではありませんから、ＢＳの左側は動きません。どうなるのでしょう。そうです。**ＢＳの負債の部に「未払法人税等」として80万円が計上される**のです。**会社は、将来支払わなければならない義務として80万円の法人税等を認識したわけです。**

この段階で法人税を支払っているわけではありませんから、ＣＳは直接法・間接法ともに動きはありません。

図表 2-17　法人税等80万円を計上するとこうなる！

貸借対照表（BS）
（単位：万円）

資産の部		負債の部	
流動資産		流動負債	
現金及び預金	90	買掛金	
売掛金	100	短期借入金	
商品	10	未払法人税等	80
		固定負債	
固定資産		**純資産の部**	
工具器具備品	30	株主資本	
		資本金	50
繰延資産		利益剰余金	
創立費	30	繰越利益剰余金	130
資産合計	**260**	**負債・純資産合計**	**260**

C 動きはなしです
B 「260」で変わりません

損益計算書（PL）

売上高	460
売上原価	
期首商品棚卸高	0
当期商品仕入高	230
期末商品棚卸高	10
差引	220
売上総利益（粗利）	240
販売費＆一般管理費	
事務用品費	10
減価償却費	10
営業利益	220
営業外費用	
支払利息	10
経常利益	210
税引前当期純利益	210
法人税等	80
当期純利益	130

A　80万円の「法人税等」が計上され「130」となっています

キャッシュフロー計算書（CS）

●直接法

営業キャッシュフロー	
営業収入（＋）	360
商品の仕入支出（－）	-230
その他の営業支出（－）	-10
小計	120
利息の支払額（－）	-10
法人税等の支払額（－）	0
営業CF計	**110**
投資キャッシュフロー	
固定資産取得（－）	-40
その他投資支出（－）	-30
投資CF計	**-70**
財務キャッシュフロー	
短期借入収入（＋）	200
短期借入返済（－）	-200
株式発行収入（＋）	50
財務CF計	**50**
現金＆同等物の増減額	90
現金＆同等物期首残高	0
現金＆同等物期末残高	**90**

●間接法

営業キャッシュフロー	
税引前当期純利益	210
減価償却費（＋）	10
支払利息（＋）	10
売上債権の増加（－）	-100
棚卸資産の増加（－）	-10
仕入債務の増加（＋）	
小計	120
利息の支払額（－）	-10
法人税等の支払額（－）	0
営業CF計	**110**
投資キャッシュフロー	
固定資産取得（－）	
その他投資支出（－）	
投資CF計	
財務キャッシュフロー	
短期借入収入（＋）	
短期借入返済（－）	
株式発行収入（＋）	
財務CF計	
現金＆同等物の増減額	
現金＆同等物期首残高	
現金＆同等物期末残高	

D　ここは動きはありません

E　ここも動きなしです

直接法のキャッシュフローと同じ

PART 2-12 配当金は、財務3表のどこに表れるのか?

　これで、財務3表を一体にした勉強法の基本は終わりです。財務3表のつながりと会計の基本的な仕組みがご理解いただけましたか。

　ここから配当の話に移っていきます。

　通常、会社は利益が出れば株主に配当をするわけですが、**この配当がBSの純資産の部と関係しています**。BSの純資産の部には「資本剰余金」「資本準備金」「利益剰余金」「利益準備金」などの似通ったわかりにくい項目が並んでおり、これらの項目が理解できていなかったり、この純資産の部と配当が関係していることなどが理解できていなかったりすることで、会計の基本的な仕組みが腑に落ちていない人がたくさんいます。

　今回は、配当金50万円、利益準備金5万円、任意積立金45万円の処理で話を進めますが、いまはまだ何を言っているのかさっぱりわからないのではないかと思います。

　まず、BSの純資産の部の説明から始めましょう。

　2006年5月に会社法が施行される前は、「純資産の部」は「資本の部」と呼ばれていました。そして、中の項目も少し違いがありました。ただ、「資本金」「資本剰余金」「利益剰余金」の3つの大項目に変わりはなく、それぞれの大項目の中が同じような並びになるように名前が整理されています。

　ここで注意が必要なのは、**現在「繰越利益剰余金」と呼ばれている項目は以前「当期未処分利益」と呼ばれていた**ことです。その他、**新しい項目として、「繰延ヘッジ損益」や「新株予約権」**がありますが、難しくなるのでこの本では割愛します。

■ **利益と配当金**

図表2-18を見てください。

まず、「資本金」から説明しましょう。これは、特別な説明は要りませんね。資本家から入れてもらった資本金です。その下に大きな項目として「資

図表2-18　会社法施行による財務諸表の変化

従来の資本の部

```
Ⅰ 資本金
Ⅱ 資本剰余金
  1 資本準備金
  2 その他資本剰余金

Ⅲ 利益剰余金
  1 利益準備金
  2 任意積立金
  3 当期未処分利益

Ⅳ 土地再評価差額金

Ⅴ その他有価証券評価差額金

Ⅵ 自己株式
```

新会社法による純資産の部

```
Ⅰ 株主資本
  1 資本金
  2 資本剰余金
    (1)資本準備金
    (2)その他資本剰余金
  3 利益剰余金
    (1)利益準備金
    (2)その他利益剰余金
       任意積立金
       繰越利益剰余金
  4 自己株式
Ⅱ 評価・換算差額等
  1 その他有価証券評価差額金
  2 繰延ヘッジ損益
  3 土地再評価差額金
Ⅲ 新株予約権
```

本剰余金」と「利益剰余金」という似た項目がありますが、この2つはまったく異なる種類のものです。

資本剰余金の中の「資本準備金」は、「払込資本のうち資本金に入れないもの」です。会社法では資本金が5億円以上の会社を「大会社」と規定しており、大会社になるといろいろな規制が強化されるので大会社とはしたくない、しかし、資本は7億円必要、といったような場合に、資本金4億円、資本準備金3億円などとして「資本準備金」が出てきます。また、税法上は資本金1億円以下の法人は「中小法人」とされ、税率が低くなったりという特典があるので、資本金を増やさずに資本準備金を増やしている場合に「資本準備金」が出てきます。

いずれにせよ、資本金と資本剰余金は株主からの資本に関係するもので、**財務の専門家などは、この資本金と資本剰余金の額はセットで見ている場合が多いようです**。「その他資本剰余金」は、減資や資本準備金の取り崩しをしたときに出てくる差損益を入れておく項目ですが、難しくなるのでここでは割愛します。

次の「利益剰余金」は「資本剰余金」とはまったく異なる種類のもので、これが「会社が集めてきたお金」を表すところです。利益剰余金の一番上の「利益準備金」は、法律で積み立てることが求められているものです。

利益が出たときにその全額を配当とすることは禁じられています。**配当する場合は、資本準備金の額と合わせて資本金の1／4になるまで、配当金の1／10を利益準備金として積み立てることが求められています**。いま仮に資本準備金がないと仮定し、配当する場合、配当金の1／10の額を内部留保として利益準備金に積み立てなければならないのです。これは法律で定められた強制的な内部留保です。

これとは別に、会社が任意に、利益を配当として社外に分配するのではなく、社内に内部留保として積み立てるのが「任意積立金」です。出てきた利益を配当として外部に分配するか、内部に留保するかは原則的に株主総会での決議が必要ですので、「会社が決める」というより「株主が決める」といったほうがよいかもしれません。任意積立金には「配当平均積立金」や「事業拡張積立金」など、積み立て目的を明示したものや、積み立て目的を明示しない「別途積立金」などがあります。

■ さて、財務3表は？

　では、あなたの会社が2007年3月末の決算期を迎え、2007年6月末に定時株主総会を開いて、配当金50万円、利益準備金5万円、任意積立金45万円が株主総会で議決されたとして、それらが財務3表にどう反映されていくかを説明しましょう。

　図表2-19の一番上にあるのが、2007年3月末のあなたの会社のBSの純資産の部です。いままでに勉強してきた例題の数字が書かれています。6月末の株主総会で、配当金50万円、利益準備金5万円、任意積立金45万円が議決され、それらを反映して6月末にBSを作ってみたら純資産の部がどうなっているのかを示したのが右上の図です。この3月末の純資産の数字から6月末の純資産の数字にどのように変化していったのかを説明したのが、下の図です。

　話を簡単にするために新しい期である2007年4月から2007年6月末までは事業活動を行なわなかった、つまり、当期純利益は「0」だったとして説明します。

図表 2-19 配当及び株主資本の変動について

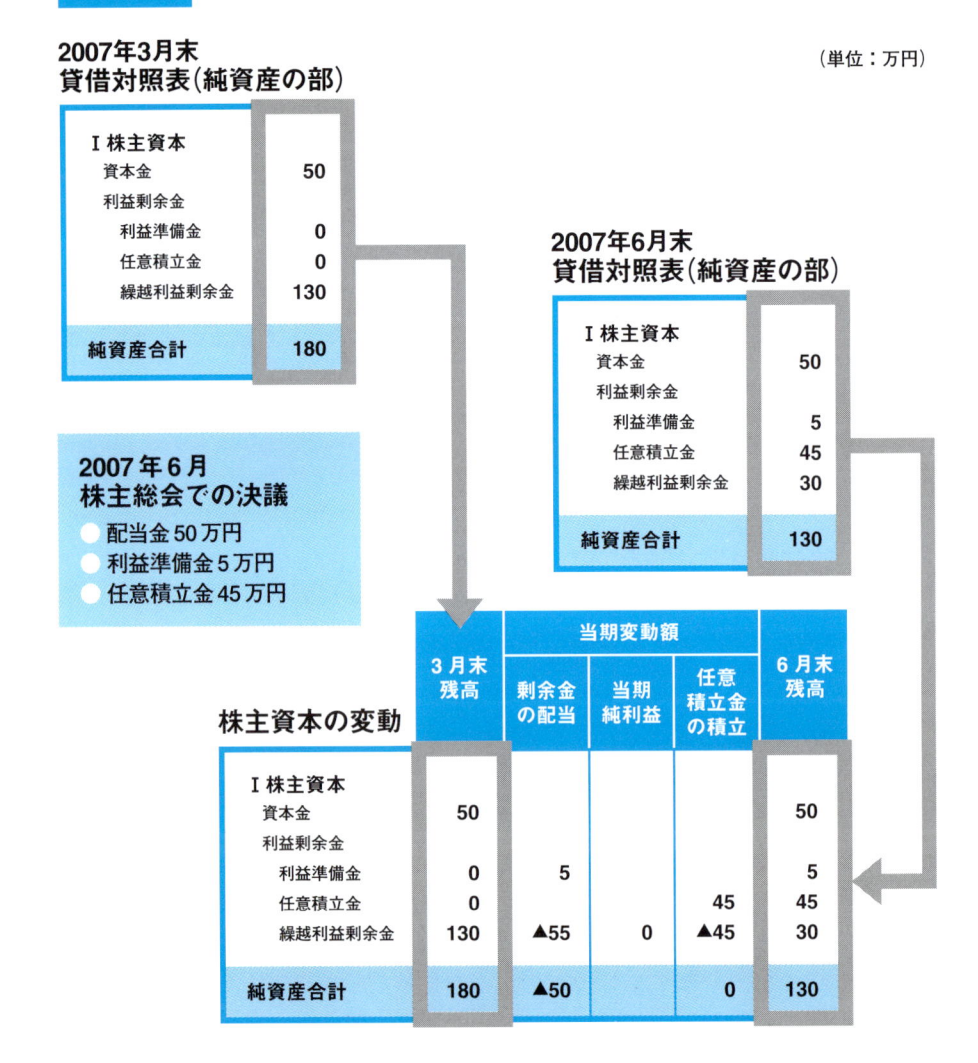

(単位:万円)

2007年3月末 貸借対照表(純資産の部)

I 株主資本	
資本金	50
利益剰余金	
利益準備金	0
任意積立金	0
繰越利益剰余金	130
純資産合計	180

2007年6月末 貸借対照表(純資産の部)

I 株主資本	
資本金	50
利益剰余金	
利益準備金	5
任意積立金	45
繰越利益剰余金	30
純資産合計	130

2007年6月 株主総会での決議
- 配当金 50万円
- 利益準備金 5万円
- 任意積立金 45万円

株主資本の変動

	3月末残高	当期変動額 剰余金の配当	当期変動額 当期純利益	当期変動額 任意積立金の積立	6月末残高
I 株主資本					
資本金	50				50
利益剰余金					
利益準備金	0	5			5
任意積立金	0			45	45
繰越利益剰余金	130	▲55	0	▲45	30
純資産合計	180	▲50		0	130

資本金の50万円はそのままですね。50万円を配当すると、その1／10の5万円は利益準備金として積み立てなければならなかったですね。この50万円と5万円が繰越利益剰余金から充当されるわけです。50万円は外部に出ていきますから、純資産の部には記載されません。これとは別に任意積立金として積み立てられる45万円が、これも繰越利益剰余金から充当されるわけです。

　まとめていえば、**繰越利益剰余金130万円の中から、配当金50万円が外に出ていき、5万円が利益準備金になり、45万円が任意積立金になり、これらの合計額100万円分の繰越利益剰余金が減って、6月末の繰越利益剰余金は30万円になるわけです。**これを図表2−20のように財務3表に表してみましょう。

　この財務3表は2007年6月末のものです。ＰＬとＣＳは2007年4月から2007年6月までの変化を表しています。この新しい期は事業活動を行なわなかったと仮定していますから、ＰＬはすべて「0」です。ＣＳの下のほうの「現金及び現金同等物の期首残高」に90万円が入っています。2007年3月末の「現金及び現金同等物の期末残高」が90万円でしたから、これが新しい期の期首残高になって、新しい期がスタートしているわけです。

　ＢＳの純資産の部から始めましょう。すでに説明したように、130万円あった繰越利益剰余金が、利益準備金5万円、任意積立金45万円となり、この6月末の繰越利益剰余金は30万円になっています。利益剰余金の合計は80万円ですから、利益剰余金が合計で50万円少なくなっています。この50万円が配当金として外部に出ていったわけです。**ですから、ＢＳの左側の「現金及び預金」が50万円減っています。**これでＢＳは左右がバランスしますね。ＣＳは、「配当金支払い」として50万円出ていっています。

図表 2-20 配当金50万円、利益準備金5万円、任意積立金45万円の処理をするとこうなる！

貸借対照表（BS）
（単位：万円）

資産の部		負債の部	
流動資産		**流動負債**	
現金及び預金	40	買掛金	
売掛金	100	短期借入金	
商品	10	未払法人税等	80
		固定負債	
固定資産		**純資産の部**	
工具器具備品	30	**株主資本**	
		資本金	50
		利益剰余金	
繰延資産		利益準備金	5
創立費	30	任意積立金	45
		繰越利益剰余金	30
資産合計	210	**負債・純資産合計**	210

C 財務キャッシュフローの「配当金支払い」に「-50」が計上され一致しています

B 左側の「現金及び預金」が50万円減って「210」でバランスしています

損益計算書（PL）

売上高	0
売上原価	
期首商品棚卸高	0
当期商品仕入高	0
期末商品棚卸高	0
差引	0
売上総利益（粗利）	0
販売費＆一般管理費	
事務用品費	0
減価償却費	0
営業利益	0
営業外費用	
支払利息	0
経常利益	0
税引前当期純利益	0
法人税等	0
当期純利益	0

A 新期になり、数字は一致しません

キャッシュフロー計算書（CS）

●直接法

営業キャッシュフロー	
営業収入（＋）	
商品の仕入支出（－）	
その他の営業支出（－）	
小計	0
利息の支払額（－）	
営業CF計	0
投資キャッシュフロー	
固定資産取得（－）	
その他投資支出（－）	
投資CF計	0
財務キャッシュフロー	
短期借入収入（＋）	
短期借入返済（－）	
配当金支払い（－）	-50
財務CF計	-50
現金＆同等物の増減額	-50
現金＆同等物期首残高	90
現金＆同等物期末残高	40

●間接法

営業キャッシュフロー	
税引前当期純利益	0
減価償却費（＋）	
支払利息（＋）	
売上債権の増加（－）	
棚卸資産の増加（－）	
仕入債務の増加（＋）	
小計	0
利息の支払額（－）	
営業CF計	0
投資キャッシュフロー	
固定資産取得（－）	
その他投資支出（－）	
投資CF計	
財務キャッシュフロー	
短期借入収入（＋）	
短期借入返済（－）	
配当金支払い（－）	
財務CF計	
現金＆同等物の増減額	
現金＆同等物期首残高	
現金＆同等物期末残高	

E 動きなしです

D 新期の事業活動は行なわれていないので数字は「0」です

直接法のキャッシュフローと同じ

いままで、ＰＬの当期純利益とＢＳの繰越利益剰余金の数字が一致するといってきましたが、それは会社設立後の第１期で、前期から繰り越される繰越利益剰余金がなく、配当も行なわれていなかったから、ＰＬの当期純利益とＢＳの繰越利益剰余金の数字が一致していたのです。実際の財務３表では前期からの繰越利益剰余金もありますし、配当も行なわれますので、ＰＬの当期純利益とＢＳの繰越利益剰余金の数字が一致するわけではありません。

　ただ、この新しい期に事業を行なっていて**当期純利益**が出ていれば、その分だけ**ＢＳの繰越利益剰余金は増えるわけです**。当期純利益と繰越利益剰余金の数字が一致するわけではありませんが、当期純利益と繰越利益剰余金がつながっていることに変わりはありません。

　どうですか、これで配当も含めた財務３表のつながりがわかってきましたか。

PART 2　13　「株主資本等変動計算書」とは、いったい何だ？

　会社法が施行されて大きく変わったのは配当の方法です。いままでは決算の確定手続きとして、利益処分案によって株主総会で配当が決議されていましたが、現在は決算の確定手続きとは別に、株主総会さえ開けば期中に何度でも配当ができるようになりました。また、繰越利益剰余金から任意積立金への計数の移動なども、株主総会さえ開けばいつでもできるようになりました。

　そこで、これら配当も含めて、**期中に何度も変化する株主資本の計数の変化をまとめて表しておくために、株主資本等変動計算書なるものが作られる**ことになりました。

　図表2−21の上の図が、会社法施行前に作られていた利益処分案です。利益処分案の一番上は「当期未処分利益」ですが、これは現在「繰越利益剰余金」と呼ばれているものです。つまり、この利益処分案によって、期末の「繰越利益剰余金」を配当として外部に出すものと、利益準備金や任意積立金のように内部に留保するものに分けて処分していたわけです。ここには先ほど説明した例と同じ数字を入れています。

　この利益処分が期中に何度も行なわれることになったので、図表2−21の下図に示した株主資本等変動計算書を作って、期中の変化が一目でわかるようにしました。株主資本等変動計算書の上部には、純資産の部の項目が横に並んでいます。そして、それぞれの項目の前期末の数字が記載されていて、**通常1年の事業年度の中で、どのような変動要因によってこの株主資本の計数が変化したかを表したのが株主資本等変動計算書なのです。**

　上図の利益処分案の内容は、下図の株主資本等変動計算書の「繰越利益剰余金」の列とほぼ同じですね。これにより、繰越利益剰余金から任意積立金への計数の移動などが期中に何度か行なわれても、この1つの表ですべてわ

図表 2-21　会社法施行による財務諸表の変化

利益処分案　　（単位：万円）

当期未処分利益	130
これを次の通り処分します	
配当金	50
役員賞与金	0
利益準備金	5
任意積立金	45
計	100
次期繰越利益剰余金	30

- 配当金・役員賞与金 → 外部流出
- 利益準備金・任意積立金・計 → 内部留保／翌期のBSへ

株主資本等変動計算書　　（単位：万円）

	株主資本							評価・換算差額等		新株予約権
	資本金	資本剰余金		利益剰余金			自己株式	株主資本合計	その他有価証券評価差額金	繰延ヘッジ損益	
		資本準備金	その他資本剰余金	利益準備金	その他利益剰余金						
					任意積立金	繰越利益剰余金					
前期末残高	50	xxx	xxx	0	0	130	△xxx	xxx	xxx	xxx	xxx
当期変動額											
新株の発行		xxx						xxx			
剰余金の配当				5		△55		△50			
当期純利益						0		0			
任意積立金の積立					45	△45		0			
自己株式の処分							xxx				
xxxxxxxx											
株主資本以外の項目の当期変動額									xxx	xxx	xxx
当期変動額合計	-	xxx	-	5	45	△100	xxx	xxx	xxx	xxx	xxx
当期末残高	50	xxx	xxx	5	45	30	△xxx	xxx	xxx	xxx	xxx

かるようになりました。

　さらにいえば、会社から株主への金銭等の分配は配当だけではありません。会社が自社の株式を株主から買い取る自己株式の取得も会社から株主への金銭等の分配ですし、有償減資といわれる、株主に金銭を渡して資本金を減らすのも株主への金銭等の分配です。**このような配当以外の株主への金銭等の分配とそれに伴う株主資本の項目の変化も、この株主資本等変動計算書によって一覧できるようになったわけです。**

　株主資本等変動計算書は2007年3月末から2007年6月末への純資産の部の変化を説明した図表2−19と基本的に同じものです。図表の株主資本の項目を上に持っていき、変動要因を左に持ってきたのが株主資本等変動計算書なのです。つまり、期中の株主資本の計数の変化を説明した表なのです。

　この形式の株主資本等変動計算書は横形式と呼ばれていますが、図表2−22のような縦形式のものも認められています。これは左側に株主資本の項目が並んでおり、その1つずつに関して前期末残高・当期変動額・当期末残高を記載しているのです。

■ 株主資本等変動計算書で注意すること

　これで、株主資本等変動計算書は理解できましたか？
　一般的には「会社法が施行されて、利益処分案がなくなって、株主資本等変動計算書が新たに作られるようになった」といわれています。この表現に間違いはないのですが、利益処分案が株主資本等変動計算書に変わったわけではありません。大きな違いがあります。**それは、利益処分案と株主資本等変動計算書が表している数字の対象年度が違うことです。**

図表 2-22　株主資本等変動計算書（縦形式）

(単位：万円)

区分		項目	金額
株主資本			
資本金		前期末残高	50
		当期変動額	0
		当期末残高	50
資本剰余金			
資本準備金		前期末残高	xxx
		当期変動額　　新株の発行	xxx
		当期末残高	xxx
その他資本剰余金		前期末残高及び当期末残高(注1)	xxx
利益剰余金			
利益準備金		前期末残高	0
		当期変動額　　剰余金の配当に伴う積立	5
		当期末残高	5
その他利益剰余金			
任意積立金		前期末残高	0
		当期変動額　　任意積立金の積立	45
		当期末残高	45
繰越利益剰余金		前期末残高	130
		当期変動額　　剰余金の配当	△55
		当期純利益	0
		任意積立金の積立	△45
		当期末残高	30
自己株式		前期末残高	△xxx
		当期変動額　　自己株式の処分	xxx
		当期末残高	△xxx
株主資本合計		前期末残高	xxx
		当期変動額	xxx
		当期末残高	xxx
評価・換算差額等			
その他有価証券評価差額金		前期末残高及び当期末残高(注1)	xxx
繰延ヘッジ損益		前期末残高及び当期末残高(注1)	xxx
新株予約権		前期末残高及び当期末残高(注1)	xxx

注1：期中における変動がない場合は、「前期末残高及び当期末残高」のみを表示することができる。

図表 2-23　会社法施行前の利益処分案と施行後の株主資本等変動計算書の違い

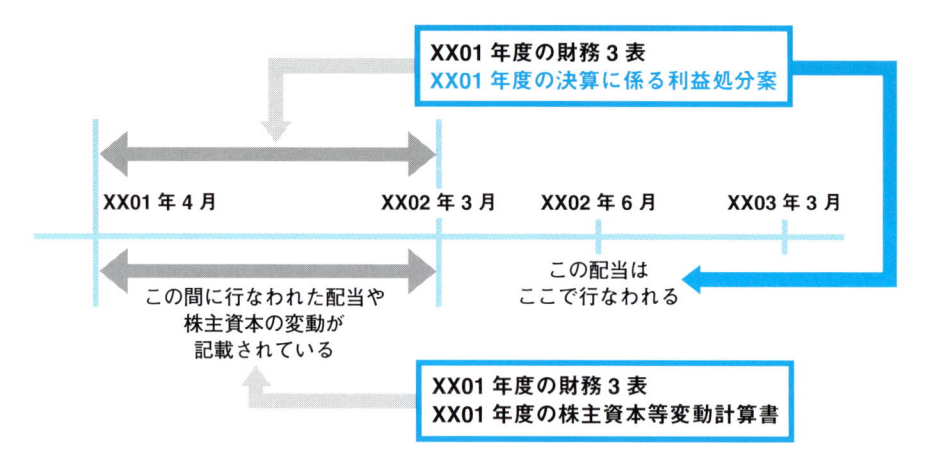

```
                    ┌─────────────────────────────┐
                    │ XX01年度の財務3表            │
         ┌──────────│ XX01年度の決算に係る利益処分案│────────┐
         │          └─────────────────────────────┘        │
         ↓                                                  │
  ←――――――――――――――――→                                         │
XX01年4月         XX02年3月     XX02年6月        XX03年3月   │
──┼───────────────┼─────────────┼───────────────┼──         │
                                                            │
  ←――――――――――――――――→            この配当は                   │
    この間に行なわれた配当や     ここで行なわれる ←――――――――――┘
    株主資本の変動が
    記載されている
         ↑
         │          ┌─────────────────────────────┐
         └──────────│ XX01年度の財務3表            │
                    │ XX01年度の株主資本等変動計算書│
                    └─────────────────────────────┘
```

　図表2-23のように、会社法施行前の利益処分案は、XX02年3月期の決算の確定手続きとして作られていました。ですから、XX02年6月頃に行なわれる定時株主総会でこの利益処分案が承認されると、配当はその後、基本的にXX02年度中に行なわれるのです。

　一方、XX02年3月期に作られる株主資本等変動計算書に現れる配当やその他株主資本の計数の変化は、他の財務諸表の期間と同じ、XX01年4月からXX02年3月までに行なわれたものを表しているのです。この点を間違えないようにしてください。

　それともう1つ。会社法が施行される前は、基本的には決算を行なったときの当期未処分利益をベースに配当を行なっていたわけですが、会社法が施行されてからは期中の分配可能額を反映して配当できるようになりました。

つまり、実際にはこのように期中で分配可能額を反映して配当することはほとんどないでしょうが、たとえば、XX02年6月に配当する場合は、XX02年4月からXX02年6月までの当期純利益の額を積み増した、XX02年6月時点での**繰越利益剰余金をベースにして配当**できるようになったのです。

　これで、財務3表と株主資本等変動計算書の基本的な説明は終わりです。ここまでくれば、会計の全体像がなんとなくわかってきたのではないでしょうか。

PART

3

財務3表から会社の様子をつかもう

実在の企業の財務3表を比べてみると、
実にさまざまなことが、そして面白いことがわかります。
会社の特徴、戦略、将来性など、まさに情報の宝庫です。
ここでは、経営者としての視点、投資家としての視点、
債権者（金融機関）としての視点などから、
財務3表をチェックするポイントを理解し、
それを経営改善にどのように役立てていくかを学びます。

PART 3 01 財務3表からざっくりと会社の様子をつかむ

　財務3表を一体にした会計学習法のオープンセミナーを行なうと、終わってから受講生の方が質問に来られることがよくあります。
「今日の研修で、会計の全体像がわかったような気がします。ただ、具体的に財務3表のどこを見ればいいのでしょうか？」
　実は、こういう質問をされるのは、ほとんどが仕事経験の少ない新人の方たちです。**何のために自分が財務3表を見るのか、その目的が自分でもわかっていないのです。**与信管理のためなのか、投資評価のためなのか、経営改善のためなのか、目的によって財務3表を見るポイントも当然異なります。とはいえ、目的はどうあれ「財務3表を見て会社の状況をつかむには一般的にどこをどのように見ればよいのか教えてもらいたい」という気持ちはわからないではありません。
　ここからは、いままで学んできた財務3表の知識をベースに、実際に財務3表からどのように会社の実態を把握していけばよいか、を説明していきます。
　会計の初心者の方は、財務分析といえば「流動比率」や「総資本回転率」といった財務分析指標を算出することだと思っている人が多いようです。また、会計の入門書も、財務分析指標の説明に紙面の多くを割いているものが少なくありません。しかし、会計の専門家やアナリストといわれる人たちが「財務諸表を読む」と言ったとき、財務分析指標の数字だけを用いて比較したり分析したりしている人はあまりいないでしょう。むしろ、**財務3表から会社の事業実態をどこまで把握できるかということが大切なのです。**
　たとえば、「資産が急に増えたのは新規投資をしたからで、そのため当期のキャッシュフローは苦しいが、この新規投資の回収が始まればキャッシュは楽になってくるだろう。この新規投資の成否がこの企業の将来を決める」

というような事業実態が、財務3表を見てつかめるかどうか。そこがポイントなのです。

　私たちのような会計の素人は、会計の世界を「古〜いお屋敷」のように思っています。そこは薄暗くて、中に何があるのかよくわからず、何かしきたりやルールが細かく決められているようだが、それもベールに包まれているといった感じです。

「これだけ読めば、お屋敷のことはすべてわかる」といった屋敷内部の解説書が何冊も出版されていますが、それらを何冊読んでも結局、内部のことはよくわからないので、なおさら不気味になってきて「このお屋敷の中は、普通の人間ではわからないようになっているんだろうな」などと思い始めるのです。

　しかし、このお屋敷を覆っている複雑なものを取り除けば、**お屋敷の基本構造はPL・BS・CSという3つの骨組みがあるだけです**。ですから、財務分析をするといっても、基本的にはPLの収益と費用、その差である損益、BSの資産・負債・純資産、CSのキャッシュフロー、そしてこれらの項目の関係性を見ればいいだけなのです。

　では、これから前述のような新人の方も安心できるように、財務3表のどこを見れば何がわかるか、財務3表からざっくりと会社の様子をつかむポイントをご説明しましょう。

PART 3　02　PLの5つの利益から会社の特徴がわかる

　財務分析指標の種類は100以上ありますが、それらは大きく「収益性」「安定性」「成長性」を見るための3つに分類できます。その中でも「収益性」がもっとも大切な視点でしょう。

■ 利益の構造を理解しよう

　さてPART 1で「ＰＬには5つの利益がある」と説明しましたが、最初に会社の利益構造がどうなっているかを分析します。

　まずは、売上総利益（粗利）です。粗利は、販売費及び一般管理費という営業活動に伴う費用を計上する前の利益ですから、売上高粗利率が高い会社は、その会社が**販売する商品やサービス自体に競争力がある**、つまり売上原価よりかなり高く販売できているということです。売上高粗利率（粗利÷売上高）は業界によって異なりますが、同じ業界の中で売上高粗利率が高い会社はどんな会社でしょう。

　たとえば、ソニーの粗利率は30％程度ありますが、あまり有名でない電機メーカーの粗利率は20％程度です。これがブランド力なのでしょう。ただ、有名でないところはあまり宣伝もせず安値で勝負していて、ブランドの強いところは宣伝広告費などに膨大な金額を使い、値段も高いというふうにもいえますね。

　では、「売上高営業利益率（営業利益÷売上高）」の高い会社とは、どんな会社でしょう。売上高営業利益率の高い会社は、その会社の本業の事業効率がいい会社ですね。本業をどれくらい効率よく運営していて、どの程度の利益を稼いでいるか。これも、同業他社と比較してみると本業の効率性がわかります。

中小企業を含めた多くの会社では、売上高営業利益率より「売上高経常利益率（経常利益÷売上高）」のほうが低くなるのが普通です。多くの会社は預金より借入金のほうがはるかに大きく、営業外収益より営業外費用のほうが大きいためです。

　ですが、売上高営業利益率より売上高経常利益率のほうが高い会社もあります。どんな会社でしょう？　伝統のある優良企業はこのような形が少なくありません。毎期の営業キャッシュフローがプラスの会社、つまり本業によってたくさんのキャッシュを生み出してきた会社は、それを借入金の返済に充てますから、営業外費用の支払利息が少なくなります。さらに、余ったお金は現金のまま持っていてもあまり意味がないので、株式や不動産を購入します。そのような株式や不動産からの配当や賃貸収入などが、営業外収益として入ってきます。

　借入金が少なくて営業外費用が少なく、配当や賃貸収入などの営業外収益が多い会社は、営業利益より経常利益のほうが多いのです。

　特別利益・特別損失についてはもう説明は要りませんね。特別利益・特別損失の詳細は、実際のＰＬを見れば具体的にどんな項目が計上されているかわかります。

　以上のような利益構造の分析をしたうえで、５年程度の期間比較や業界の標準値と比べる標準比較をすれば、その会社の利益構造がどのように変化してきたか、またどのような特徴があるかがわかります。

コラム　利益がすべてか?

　私はピーター・ドラッカー先生の影響を受けているということもあり、会社の第一の目的は利益だとは思っていません。会社の第一の目的は「お客様に選んでいただける商品やサービスを提供すること」だと考えています。そうでなければ、会社の永続的な発展はありえないと思うのです。また、会社は株主のものだとも思っていません。会社は社会のものであるべきだと信じています。そうでなければ、人は幸せにならないと思うのです。
　しかし、会社にとって利益はとても大切です。利益を出せない会社は結局だれも幸せにできません。私はコンサルタントとして、利益が出せない会社の惨状をいくつも見てきました。

PART 3　03　BSを図にすれば、会社の状態は一目瞭然

■ BS全体の大きさを見てみると……

　まずはBS全体の大きさを見ます。BSの左側の合計を総資産、右側の合計を総資本といいますが、総資産と総資本の額は同じです。**このBSの総資産が会社の事業規模を表す1つの指標です。**この資産を使ってこの会社は事業を行なっているわけです。

　売上高を総資本で割ったものが「総資本回転率」です。どれくらいの投下資本を使って、どれくらいの売上を上げているかの指標です。日本の上場企業の平均値は1.01です。産業別に一部の例外はありますが、**だいたい投下総資本の額と売上高は同じくらいなのです。**面白いですね。

　高度経済成長期の頃は何でも「大きいことはいいことだ！」という感覚だったような気がします。しかし、昨今では必ずしも規模が大きいことがいいことではありません。効率性が大切なのです。**最小の投下総資本で最大の売上や利益を上げる会社が評価される時代です。**

■ 自己資本比率をチェック

　こうやってBSの全体像を見た後チェックするのは、やはり「自己資本比率」でしょう。

　自己資本比率とは、自己資本を総資本で割ったものです。**自己資本とは大まかには純資産の部と思っておけばよいですが、正しくいえば図表3-1のように、「新株予約権」と「少数株主持分（連結会計で出てくるもので、連結した子会社の純資産のうち親会社に帰属しない部分を表したもの）」は自己資本には含まれません。**

図表 3-1　BS「純資産の部」の自己資本

純資産の部

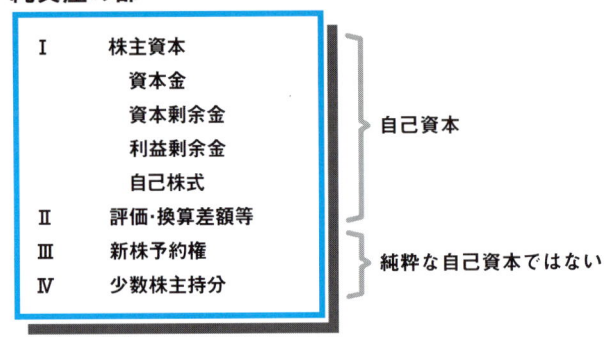

I	株主資本
	資本金
	資本剰余金
	利益剰余金
	自己株式
II	評価・換算差額等
III	新株予約権
IV	少数株主持分

- I：自己資本
- II〜IV：純粋な自己資本ではない

　自己資本は返済する必要のないお金です。株式は株主から株主へと売買されますが、一度払い込んでもらった資本金は特別な理由がない限り返済する必要はありません。株主には利益が出れば配当を行ないます。利益剰余金は会社自身が稼ぎ出したものですから、だれにも返済する必要がありません。

　このように、基本的に返済する必要のないお金ですから、自己資本比率が高いということは資金調達の方法が安全であるといえます。**自己資本比率の高い会社は相対的に負債も少ない**ですから、支払利息も少なく健全な会社が多いのです。

　莫大な資本金を払い込んでもらっていれば、自己資本比率は高くなります。また、資本金の額は少なくても、毎期利益を出して利益剰余金が積み増しされていれば自己資本比率は高まります。同じ自己資本比率でも、**利益剰余金が大きい会社は過去に業績が良く利益を出してきた会社**といえるのです。

利益剰余金は、会社が利益を出し税金を払い、一般的には株主への配当を行なった後に残ったお金が内部留保として積み増しされたものです。ですから、莫大な利益剰余金が積み上がっている会社は、その額よりもはるかに大きな額の当期純利益を出してきたということなのです。ということで、自己資本比率、もっと詳しくいえば利益剰余金を見れば、その会社の過去の経営状態がおおよそわかります。

　自己資本比率は事業の構造によっても違いますから、どのくらいが適当だとは一概にはいえませんが、日本の上場企業の平均は35％くらいです。一

図表 3-2　自己資本比率はどれくらいか？

一般的な会社

資産	負債
	資本金
	利益剰余金

資本金の多い会社

資産	負債
	資本金
	利益剰余金

過去に利益を出してきた会社

資産	負債
	資本金
	利益剰余金

債務超過の会社

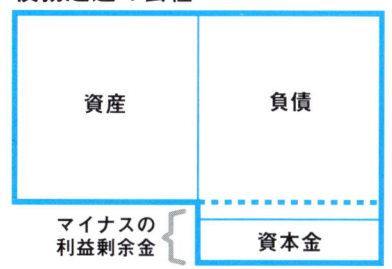

資産	負債
マイナスの利益剰余金	資本金

般的に自己資本比率が 10％未満の会社は危険信号といわれたりします。

　PART 1 で学んだように、毎期赤字を出していると図表 3−2 の右下の図のようになります。これが、債務超過の状態でしたね。資本金の額が変わるわけではないのですが、利益剰余金のマイナスの額が資本金の額より大きくなり、純資産の部がマイナスの状態になっているのです。

　債務超過の状態の会社には、基本的に金融機関はお金を貸しません。なぜでしょう？　それは PART 1 で説明した通り、もしすべての資産を帳簿に記載されている金額ですべて現金化できたとしても、負債さえ返せない状況になっているからです。いま借りているお金を返す術もない会社にお金は貸せませんよね。

■「負債の部」の内容をチェック

　ざっくりと BS を眺めた後は、「負債の部」の内容をチェックします。

　負債といっても、利息を支払わなければならない借入金や社債、利息を支払う必要のない買掛金、その他未払いの法人税など、種類の違うものが入っています。負債の部に、一般の人にあまりなじみのない項目として「社債」とか「前受金」というのがあります。

　社債とは、事業運営の資金を集めるために会社が発行する債券です。会社がお金を集める方法は、株式を発行して資本金として払い込んでもらう方法や、銀行などの金融機関から借入金として借り入れる方法がありますが、それ以外に会社が社債を発行し一般の投資家から直接お金を集める方法があります。社債は会社が発行し、その売買は証券会社が仲介します。社債には償還日がありますが、これは、購入者が社債を購入した購入代金、つまり会社

に貸し付けたお金が戻ってくる日です。この社債も利率に応じた利息を受け取れます。

　前受金とは、商品やサービスを提供する前に顧客から代金の一部として受け取った金額です。皆さんはPART 2でPLとBSの関係を勉強してきましたからもうおわかりだと思いますが、商品やサービスを提供していないのでPLに動きはありません。ところがBSの左側には現金が入ってきていますので、これに対応するものとして負債の部に前受金が計上されるのです。

　負債の部の内容がどうなっているかを見たら、**利子を支払わなければならない有利子負債といわれる借入金や社債がどのくらいあるかをチェックします。**

　有利子負債の額の妥当性を見る指標に、「有利子負債倍率」があります。有利子負債倍率は、有利子負債÷自己資本です。返済しなくてもよい自己資本と同じだけ借入金がある状態が有利子負債倍率1の状態です。この数字も産業によって違いがあるでしょうが、**一般的には有利子負債倍率0.4倍以下なら優良、2倍以上は危険**などといわれています。

■「資産の部」をチェック

　BSの右側を一通り確認した後、BSの左側の流動資産と固定資産の内容を見ていきます。

「集めてきたお金を何に投資しているか」が、BSの左側にある資産の部に表れていましたね。資産の部を見れば、その会社が集めてきたお金がどのような形で会社に存在しているか、つまり、「どのような資産を使って事業を行なっているのか」がわかります。同じ業種の同じような規模の会社と比較したり業界の標準値と比較したりすれば、その会社の事業の特徴や効率がわ

かってきます。

　業界の標準より在庫が極端に多い場合などは、在庫を過剰に持ちすぎているといえます。過剰な在庫を持っているということはＢＳの左側が大きくなっていますから、それに対応する借入金の額などが大きくなっています。であれば、この会社は**無駄な借入をして、そのためにたくさんの利息を支払っていて、売上高経常利益率も悪くなっているはずです。**

　ここで特にチェックするのは、売掛金や棚卸資産（在庫）の変化です。後ほど別項目で説明しますが、売掛金や商品などは利益を操作するのにもっとも手をつけやすい項目だからです。これらの額が期間比較の中で異様な動きはないか、業界の標準値と比較しておかしくないかなどを見てみます。

　製造業などの装置産業は**固定資産が多い**でしょうし、私のようなコンサルタントや**サービス業は固定資産が少ない**ですから、流動資産と固定資産の比を見れば、会社名がわからなくても、その会社がどのような事業を行なっているのかがわかります。

　前述したように、昔は「大きいことはいいこと」でしたが、現在は投資効率が重視されます。自社ビルを売却して賃貸に変える会社も少なくありません。自社ビルを売却して現金が入ってくれば、それを借入金の返済に回せます。そうすれば、総資本の額が減ります。売上高や利益が変わらないとすれば、株主から見れば、この会社の投下総資本に対するリターンがよくなってくるわけです。

■ ＢＳの左右を比較する

　最後に、ＢＳの右側と左側を比較します。短期的な支払能力を見る流動比

率、当座比率については PART 1 で説明しました。ここでは、固定比率と固定長期適合率について説明しておきましょう。

図表 3-3 をご覧ください。

「固定比率」は、固定資産÷自己資本で計算されます。固定資産とはすでにお金が土地や建物に変わっていて簡単に現金に戻りにくいものですから、このようなお金は、返さなくてもよいお金である自己資本でまかなっていれば安心ですね。この**固定比率の妥当な数字も業界によって異なりますが、一応の目安としては 100％以内が理想、120％程度なら健全、200％以上は危険**といわれています。

ただ、固定比率が 100％以内の会社はそう多くはありません。そこで、次に見るのが「固定長期適合率」です。固定長期適合率は固定資産を自己資本と固定負債の合計額で割ったものです。現金に戻りにくい固定資産は、返さ

図表 3-3　BSの左右を比較するポイント

流動比率

流動資産 50%〔当座資産 30%〕	流動負債 40%
固定資産 50%	固定負債 20%
	純資産 40%〔資本金 30%〕〔利益剰余金 10%〕

↑ **固定比率** ↑

当座比率

流動資産 50%〔当座資産 30%〕	流動負債 40%
固定資産 50%	固定負債 20%
	純資産 40%〔資本金 30%〕〔利益剰余金 10%〕

↑ **固定長期適合率** ↑

なくてもよい自己資本と長期にわたって返済すればよい固定負債の範囲内でまかなっていればまあ安心ということです。これも1つの目安として、**固定長期適合率が120％を超えると黄信号**だといわれています。これら固定比率や固定長期適合率から、会社の安定性が見てとれます。ただし、これらの数字も単年度の数字だけを見たのでは判断を誤ります。ある程度の期間の傾向を見ておく必要があります。

　この固定長期適合率と流動比率の計算式を見ていただければわかるように、固定長期適合率が100％を超えるということは、流動比率が100％を下回るということです。ＢＳを図にして、左側の流動・固定の比率、右側の流動・固定・純資産の部の比率、そして左右の流動と固定の比率を見れば、会社の状態がある程度わかってきます。

PART3 04 CSから会社の戦略的立ち位置が見えてくる

　ＣＳが3つの欄に分かれていることはPART 1で勉強しました。このことを知っていれば、ＣＳを見るだけで会社の状況や戦略的な立ち位置までおおよそわかってきます。この3つの欄はそれぞれに収支が「＋」になる場合と「－」になる場合があります。ですから、図表3－4のようにこの「＋」と「－」の組み合わせは8パターンあります。この8パターンから会社の様子がわかるのです。

　調子の悪い会社は、まず本業の成績が良くありませんから**営業キャッシュフローはマイナス**になっています。営業キャッシュフローがマイナスで現金が足りなくなっているので、その分を何かで埋め合わせしなければなりません。銀行からの借入で埋め合わせていれば**財務キャッシュフローがプラス**に、手持ちの土地や有価証券を売却して埋め合わせている場合は**投資キャッシュフローがプラス**になっているでしょう。ですから、営業キャッシュフロー、投資キャッシュフロー、財務キャッシュフローの3つの組み合わせは、「－、＋、＋」になっています。

　逆に、**調子の良い会社**は本業の事業活動で多額の現金を生み出しているはずですから、まず間違いなく**営業キャッシュフローがプラス**です。稼いだお金は、借入金の返済に回している可能性があります。そうすると、**財務キャッシュフローがマイナス**になります。

　事業戦略が明確な会社は、本業で稼ぎ出したお金を設備投資に使うことを考えますから、**投資キャッシュフローがマイナス**になります。事業拡大に野心的な会社なら、設備投資資金を自分で稼ぎ出したお金（営業キャッシュフロー）だけでなく、銀行からの借入金や新株の発行によってまかないますので、財務キャッシュフローがプラスになり、3つの組み合わせは「＋、－、＋」となります。

このようにＣＳのパターンを見るだけで、会社の状況や戦略的な立ち位置までを垣間見ることができるのです。

図表 3-4　キャッシュフロー計算書（ＣＳ）のパターンで会社の状況が推測できる

パターン	営業CF	投資CF	財務CF	現金の残高
①	＋	＋	＋	営業活動で現金を生み出したうえに、借入などで現金を増やしている。さらに、固定資産や有価証券なども売却している。将来の大きな投資のためにお金を集めているのだろうか。
②	＋	＋	－	営業活動と、固定資産や有価証券などの売却により現金を生み出し、借入の返済を積極的に行なっている。財務体質強化の段階にある会社だろう。
③	＋	－	＋	営業活動で現金を生み出したうえに借入などで現金を増やし、積極的に投資活動を行なっている。将来の戦略も明確な優良企業のパターン。
④	＋	－	－	営業活動で生み出した現金を投資活動や借入金の返済に充てている。潤沢なキャッシュフローがある会社であろう。
⑤	－	＋	＋	営業キャッシュフローマイナス分を借入と固定資産や有価証券の売却でまかなっている。問題会社の一般的なパターン。
⑥	－	＋	－	営業キャッシュフローマイナス分と借入返済分を固定資産や有価証券の売却でまかなっている。過去の蓄積を切り売りして事業を継続している。
⑦	－	－	＋	営業活動で現金を生み出せていないが、将来のために設備投資を行なっている。営業のマイナス分と設備投資資金をすべて借入や新株発行でまかなっている。自信がある将来計画があるのだろうか。
⑧	－	－	－	営業活動で現金を生み出せていないのに、将来のための設備投資を行ない、借入金の返済も行なっている。過去に多くの現金の蓄積があった会社なのだろう。

PART 3 05 あなたの会社の財務状態を、産業別の標準財務指標と比較すると……

　日本政策投資銀行が編集し財団法人日本経済研究所が発行している、「産業別財務データハンドブック」という冊子があります。2006年版でいえば、東京、大阪、名古屋の三大証券取引所の1部、2部上場会社（金融・保険を除く）のうちの個別決算1810社、連結決算1315社の有価証券報告書を集計しています。1995年から2005年までのデータが全産業及び大分類2、中分類28、小分類87の分類で掲載されており、標準指標として参考にするにはとても興味深いデータが載っています。

　主要データの抜粋は図表3-5、図表3-6の通りです。

　この中の連結決算の全産業版から数字を拾って、全産業平均の2005年の数字をPLとBSの相対規模がわかるような図表3-7を作ってみました。これからいろんなことがわかってきます。

　総資本回転率が1.01回ですから、ほぼ売上高と総資本の額が一致するのです。図のように売上高を100％とすると、**売上総利益が21.6％、営業利益が5.8％**です。やはり日本の上場企業は優良企業が多く、営業利益より経常利益のほうがわずかながらですが高くなっています。

　図が細かくなるので、経常利益以降の利益を右側に別に記載しました。当期純利益は3.3％ですね。2005年の配当性向の平均は21.3％ですから、**配当金の額は売上高比で0.7％**になります。

　BSは図の通り、**流動資産が42％、固定資産が58％、流動負債が34％、固定負債が28％**です。純資産の部は、**資本剰余金も含めた資本金が13％で利益剰余金が25％**です（実は少数株主持分が2％ほどあるのですが、ここでは利益剰余金の中に入れています）。そして、有利子負債が30％ほどあります。この有利子負債のうち、約7割が固定負債に分類されるものです。

図表 3-5　**全産業(1315社)5年間時系列表**
（総合商社売上高日本基準ベース）

(単位：％)

	指　標	2001	2002	2003	2004	2005
百分比損益計算書	売　　　　上　　　　高	100.0	100.0	100.0	100.0	100.0
	売　　上　　総　　損　　益	20.3	21.1	22.0	21.9	21.6
	販　売　費・一　般　管　理　費	16.7	16.5	16.8	16.2	15.7
	営　　　　業　　　　損　　　　益	3.6	4.6	5.2	5.6	5.8
	受　取　利　息・配　当　金	0.3	0.3	0.2	0.3	0.3
	事　　　　業　　　　損　　　　益	3.9	4.9	5.5	5.9	6.2
	支　払　利　息・割　引　料	1.0	0.8	0.7	0.5	0.5
	経　　　　常　　　　損　　　　益	2.4	3.7	4.8	5.6	5.9
	税　　引　　後　　損　　益	−0.2	1.3	2.3	2.5	3.3
	配　　　　当　　　　金	0.5	0.5	0.5	0.5	0.7
	社　　　内　　　留　　　保	−0.7	0.8	1.8	1.9	2.5
百分比貸借対照表	流　　　動　　　資　　　産	41.2	41.1	41.1	42.4	42.4
	固　　　定　　　資　　　産	58.7	58.9	58.9	57.6	57.6
	合　　　　　　　　　　　計	100.0	100.0	100.0	100.0	100.0
	流　　　動　　　負　　　債	37.5	36.2	34.8	34.6	33.9
	（　買　入　債　務　）	11.4	11.8	12.1	12.6	12.7
	固　　　定　　　負　　　債	32.0	32.7	31.5	29.8	27.9
	少　　数　　株　　主　　持　　分	2.0	2.0	2.0	2.3	2.3
	資　　　　　　　　　　　本	28.5	29.1	31.7	33.3	35.9
	有　利　子　負　債　残　高	38.9	37.8	34.9	32.5	29.7
財務比率	固　　　定　　　比　　　率	205.9	202.8	185.8	172.9	160.7
	流　　　動　　　比　　　率	110.0	113.4	118.3	122.4	124.8
	使　用　総　資　本　回　転　率（回）	0.89	0.91	0.94	0.98	1.01
	棚　卸　資　産　回　転　期　間（月）	1.38	1.28	1.20	1.16	1.16
	売上債権(含割手)回転期間（月）	2.27	2.12	2.05	2.00	1.97
	配　　当　　性　　向　　（％）	−	36.3	22.1	22.4	21.3

出所：「産業別財務データーハンドブック」より

図表 3-6　産業別1社平均実額表(2005年)

(単位：百万円)

	実額(1社当り)	全産業 1315社	製造業 838社	非製造業 477社	小売業 67社
損益計算書	売上高	393,908	362,450	449,172	317,301
	売上総損益	85,064	91,324	74,066	105,253
	販売費・一般管理費	62,004	66,776	53,623	94,796
	営業損益	23,059	24,548	20,443	10,457
	経常損益	23,204	25,025	20,007	10,566
	税引前損益	22,048	23,686	19,171	13,843
	税引後損益	12,741	13,782	10,912	8,970
	配当金	2,728	2,974	2,295	1,087
	社内留保	9,961	10,752	8,571	7,856
貸借対照表	流動資産	170,843	182,303	150,710	82,231
	固定資産	232,241	193,882	299,631	133,949
	繰延資産	17	6	35	40
	合計	403,101	376,192	450,377	216,220
	流動負債	136,844	133,730	142,316	77,117
	固定負債	112,479	77,796	173,410	60,803
	少数株主持分	9,257	9,462	8,898	6,657
	資本	144,520	155,203	125,753	71,641
	資本金	25,047	24,072	26,759	16,217
	資本剰余金	27,942	29,802	24,675	20,535
	連結剰余金等	96,411	106,804	78,152	36,957
	△自己株式	-4,880	-5,476	-3,834	-2,068
残高	有利子負債残高	119,879	84,967	181,213	73,297
	(うち長借・社債残高)	84,836	54,475	138,175	50,557

出所:「産業別財務データーハンドブック」より

図表 3-7　PLとBSの大きさを図で把握する

総資本回転率：1.01→約1回転とみなすと

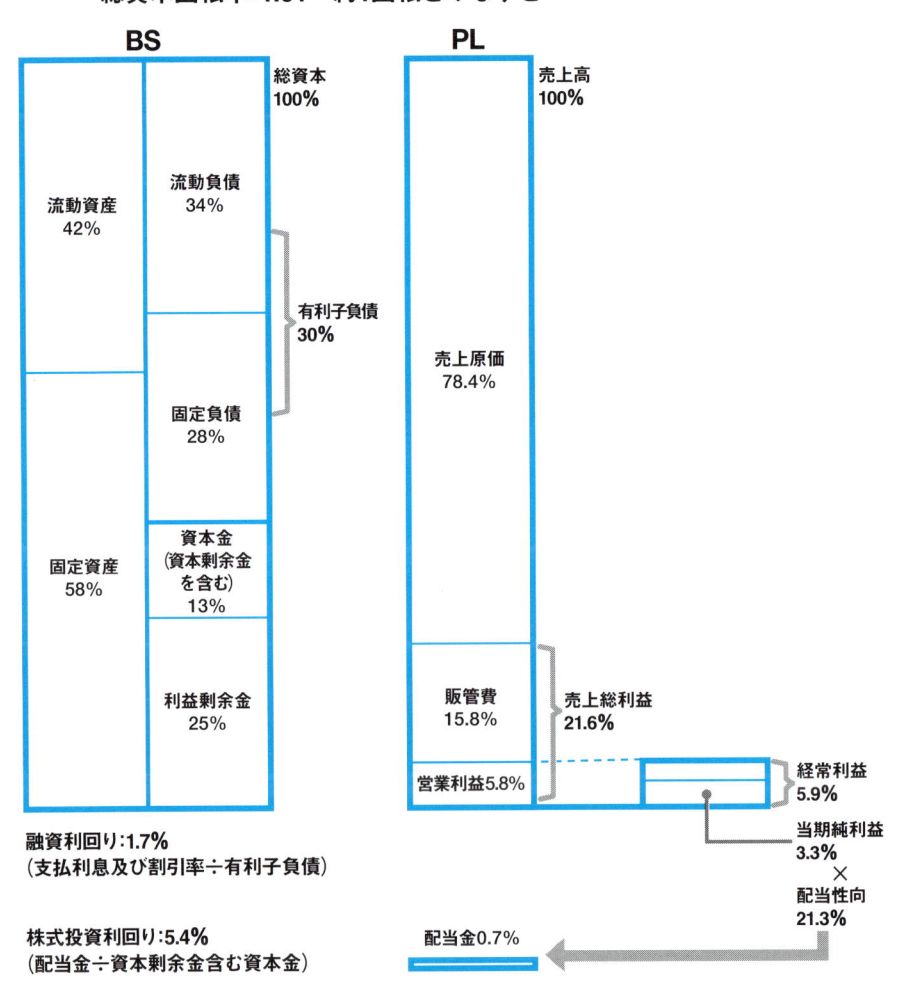

BS

- 総資本 100%
- 流動資産 42%
- 固定資産 58%
- 流動負債 34%
- 固定負債 28%
- 有利子負債 30%
- 資本金（資本剰余金を含む）13%
- 利益剰余金 25%

融資利回り：1.7%
（支払利息及び割引率÷有利子負債）

株式投資利回り：5.4%
（配当金÷資本剰余金含む資本金）

PL

- 売上高 100%
- 売上原価 78.4%
- 販管費 15.8%
- 売上総利益 21.6%
- 営業利益 5.8%
- 経常利益 5.9%
- 当期純利益 3.3%
  × 配当性向 21.3%
- 配当金 0.7%

このように日本の上場企業のＰＬとＢＳの概要がわかれば、面白い計算もできます。当期純利益3.3％で配当性向21.3％ですから、配当金の額は約0.7％になりますので、**資本剰余金も含めた資本金に対する配当金の比率は5.4％です。日本の上場企業における配当利回りは5.4％なのですね。**

　一方、この図表には記載していませんが支払利息は売上高の0.5％、つまり総資本の額の0.5％であり、有利子負債が30％ですから、金融機関の上場企業に対する貸出金利と社債の利回りの平均はだいたい1.7％であるといえるでしょう。雑駁な数字ですが、貸付の利回りより投資の利回りのほうが3倍ほどいいのです。

　今回は全産業の数字を見てみましたが、「産業別財務データハンドブック」には87の業種分類があり、それぞれの業種ごとに業種平均の財務データの11年間の推移がわかりますから、標準指標として利用するにはとても貴重なデータです。

PART 3 06 もし、あなたが投資家だったらどこを見ますか？
——投下資本に対する収益性

　ここまで、財務3表から企業実態を把握する一般論を述べてきましたが、これからは、目的別に財務3表を分析するポイントについて説明していきます。

　一般の会社の従業員は、ＰＬの世界で仕事をしています。つまり、売上と利益が大きな関心事です。**しかし、事業という面から見れば、キーワードは「投資」と「リターン」です。**そのような観点で事業を眺めているのが、投資家、金融機関などの債権者、そして経営者です。まずは、投資家の視点で財務諸表を見てみましょう。

　投資家の視点で会社を見たとき、投資家はその会社がどんな事業を行なっているかより、その事業への投下資本に対する収益性が一番大切なのです。投資家も慈善事業を行なっているわけではありませんから、自分の持っているお金が増えていくかどうかが最大の関心事でしょう。そういった観点で会社を見れば、**一番気になるのはROAやROEです。**

　ROAとはReturn On Asset、つまり総資産に対する営業利益率です。**ROAは、事業全体の総資産を使って事業からどれほどの営業利益を上げているかということを見ています。**計算式は、ROA＝営業利益÷平均総資産です。平均総資産とは期首と期末の平均ということです。

　そしてさらに、投資家の観点から収益性を見たのがROEです。ROEはReturn On Equity、計算式は、ROE＝当期純利益÷自己資本です。投資家が会社を所有していると考えれば、会社が稼ぎ出してきた利益剰余金も含めた自己資本が投資家のものといえます。この自己資本に対して、どれだけの当期純利益を上げたかが大切なのです。いままで学んできたように、**この当期純利益が積み増しされたＢＳの繰越利益剰余金の中から配当が行なわれますから、株主にとっては当期純利益が大切なのです。**

コ ラ ム　総資産に対してのリターン

　簡略化したROAの計算は営業利益を使いますが、正確にいえば総資産に対してどれだけのリターンがあるかということですから、資産が株式や預金としてある場合、それらから得られる配当や利息もリターンといえます。ですから正確には、営業利益に受取利息や配当収入を加えた事業利益という数字を計算に使います。

　なぜここで支払利息を差し引かないかというと、このリターンというのは、すべての資産に対する資金提供者である債権者と投資家にとってのリターンですから、債権者への分配となる支払利息と投資家への分配となる配当金は共に外して考えているのです。この辺りは少しややこしいので、よくわからない方は、ROA＝営業利益÷平均総資産と覚えておけばよいかと思います。

　ROEでは債権者に関係する受取利息・支払利息が考慮された後の、投資家に対するリターンとの考え方から、計算式の分子は、配当原資となる当期分の当期純利益が使われるのです。

PART 3 07 債権者(金融機関)はあなたの会社の何を見ているのでしょうか?
――債権の回収可能性

　金融機関などの債権者にとっても、ROAや会社の運営実態は当然大きな関心事です。ただ、他の関係者と違う金融機関としての特別な関心は、**自分が貸し付けている債権の回収可能性**でしょう。金融機関はお金を貸して利子を得ることによって商売をしているのです。貸付先の会社の経営がおかしくなって約定通り利子を支払ってもらえないのは困ります。しかし、債権者にとってもっと甚大な被害が出るのは貸し付けた元金が回収できなくなることです。

　これを見る1つの目安が、「デット・キャパシティ・レシオ」です。デット・キャパシティ・レシオ＝有利子負債÷(現預金＋有価証券＋固定資産)です。これは、**有利子負債がどれくらい現預金や担保資産でカバーされているかを見る目安**です。債権者から見れば、有利子負債がこれらの現預金や担保資産でカバーされていれば、会社が倒産するようなことがあっても元金が回収できる可能性があるのです。

　「債務償還年数」は、有利子負債を営業利益と減価償却費を足したもので割ったものです。もし、売掛金・買掛金・棚卸資産などが期首と期末で変化がないとすれば、営業利益＋減価償却費がこの会社が営業活動から稼ぎ出したキャッシュです。新たな設備投資も借入も行なわないとすれば、このキャッシュを使ってどのくらいの年月で有利子負債を完済できるかを見る目安になります。**一般的には1.5年以下なら優良、10年以上は危険**といわれています。

PART 3 08 実在の会社で財務3表を比べてみよう

■ ローソンとドン・キホーテの連結財務3表

ではここで、実際の財務3表を見てみることにしましょう。

取り上げた会社はコンビニのローソンと、同じ小売業なのにかなり販売形態の違うドン・キホーテです。ローソンの陳列は整然としています。ドン・キホーテの陳列は一見雑然としていますが、その陳列が何か私たちに楽しみを与えてくれます。**ローソンはたくさんの加盟店を組織するフランチャイズ形態のビジネスですが、ドン・キホーテは直営方式です。**

ローソンの加盟店全体の売上高は1兆4000億円ほど、ドン・キホーテの売上高は2600億円ほどです。しかし、ローソン本体の売上は加盟店とのフランチャイズ契約による収入が主体で、この加盟店からの収入に自社の直接売上を加えた営業総収入は2800億円程度ですから、図表3-8のようにこの2社の会社としての売上規模はほぼ同じといえます。

ローソンは加盟店からの収入が大半なので加盟店からの営業収入と自社の売上高を足したものを営業総収入と呼んでいますが、ここではわかりやすくするために売上高という言葉でそろえています。ローソンの営業総収入の内訳は図表3-8の通りです。

■ PLとBSからわかることは？

実際の財務3表は巻末資料にありますが、図表3-9は、2社のPLとBSの全体規模がイメージでつかめるようにしたものです。ローソンは3983億円の総資本を使って年間2831億円の売上を上げており、ドン・キホーテは1675億円の総資本を使って2608億円の売上を上げているというPLとB

| 図表 3-8 | ローソンとドン・キホーテの売上高 |

	2007年2月期 ローソン		2006年6月期 ドン・キホーテ	
売上高(営業総収入)	283,053	100%	260,779	100%
売上原価	55,370	19.6%	200,425	76.9%
①売上総利益	227,682	80.4%	60,354	23.1%
販売費及び一般管理費	183,168	64.7%	48,500	18.6%
②営業利益	44,513	15.7%	11,854	4.5%
営業外収益	1,679	0.6%	3,332	1.3%
営業外費用	1,546	0.5%	790	0.3%
③経常利益	44,646	15.8%	14,396	5.5%
特別利益	1,288	0.4%	4,910	1.9%
特別損失	9,086	3.2%	1,498	0.6%
④税引前当期純利益	36,848	13.0%	17,808	6.8%
法人税等	15,865	5.6%	7,083	2.7%
⑤当期純利益	20,983	7.4%	10,725	4.1%

(単位：百万円)

営業総収入	283,053	
営業収入	207,195	
売上高	75,858	100%
売上原価	55,370	73.0%
自社分のみの売上総利益	20,487	27.0%

Sの相対規模がわかると思います。

　PLを見ると、2社のビジネス形態の違いがわかります。ローソンは加盟店からの収入が多いので売上高に対する売上総利益率が80.4％にのぼっていますが、ドン・キホーテは23.1％です。ところが、ローソンは加盟店管理で利益を上げているのでその分販売費及び一般管理費が多くなっています。**売上高営業利益率でいえばローソンが15.7％、ドン・キホーテが4.5％**となっており、会社として同じ売上規模のビジネスをフランチャイズとして行なう

のと直営で行なうのとでは、営業利益率でいえばフランチャイズビジネスに軍配が上がっているようです。

どれだけの資本を投下してどれくらいの利益が出ているかという「投資」と「リターン」の関係からいうと、ローソンは3983億円の総資産に対して445億円の営業利益、ドン・キホーテは1675億円の総資産に対して営業利益は119億円であり、**ROAを計算するとローソンが11.5％、ドン・キホーテが7.4％**となります（ROA計算の総資産は期首と期末の平均をとっていますので、前記の数字の単純割り算の数字とは少し異なっています）。

ところが、株主資本の観点から**ROEを計算すると、ローソンは11.3％でドン・キホーテは17.2％**となります。1株当たりの当期純利益はローソンが201円で、ドン・キホーテが475円ですから、株主から見ればドン・キホーテのほうがたくさんの利益を出してくれていることになります。

ＢＳの構造は両社ともいい形をしていますね。流動比率は2社共に100％以上。ということは、固定長期適合率は100％以下です。自己資本比率の全産業平均は38％程度ですから、どちらの会社も平均以上です。両社共にかなりの利益剰余金を積み上げていますから、過去にもかなりの利益を上げてきたのでしょう。

巻末資料の財務3表を見ていただければわかるように、ローソンは借入金や社債などの有利子負債はありません。無借金経営です。ドン・キホーテのほうは負債総額に対する有利子負債が50％以上ありますが、いずれにせよ全体的な財務状態からすれば、両社共に銀行から見てもお金を貸したい優良会社です。

図表 3-9 ローソンとドン・キホーテの比較

ローソンBS

総資本：**3,983**億円

流動資産 37.4%	流動負債 36.0%
固定資産 62.6%	固定負債 13.9%
	資本金及び資本剰余金 25.3%
	利益剰余金及びその他 24.8%

純資産 50.1%（固定負債下の資本金及び資本剰余金＋利益剰余金及びその他）

ROE：11.3%

ドン・キホーテBS

総資本：**1,675**億円

流動資産 47.6%	流動負債 27.7%
	固定負債 28.9%
固定資産 52.4%	資本金及び資本剰余金 17.9%
	利益剰余金及びその他 25.4%

純資産 43.3%

ROE：17.2%

注記：自己株式、評価・換算差額等、新株予約権及び少数株主持分は利益剰余金の枠に入っている

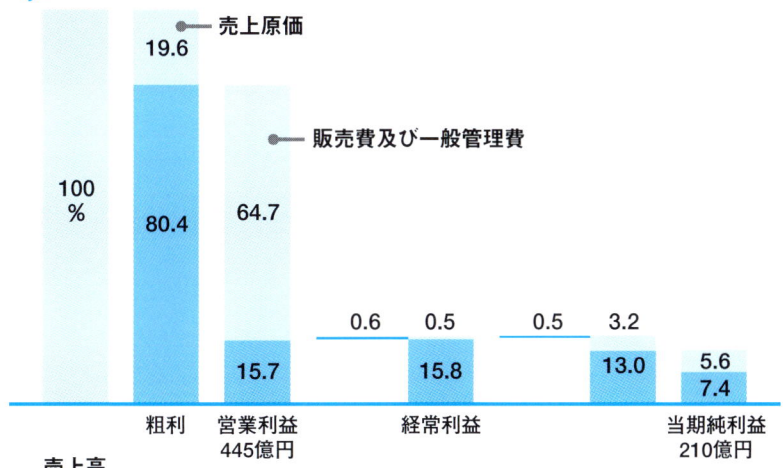

ローソンPL

売上高 **2,831**億円

- 100%
- 売上原価 80.4
- 粗利 19.6
- 販売費及び一般管理費 64.7
- 営業利益 15.7 / 445億円
- 0.6 / 0.5
- 経常利益 15.8
- 0.5 / 3.2
- 当期純利益 13.0 → 5.6 / 7.4 / 210億円

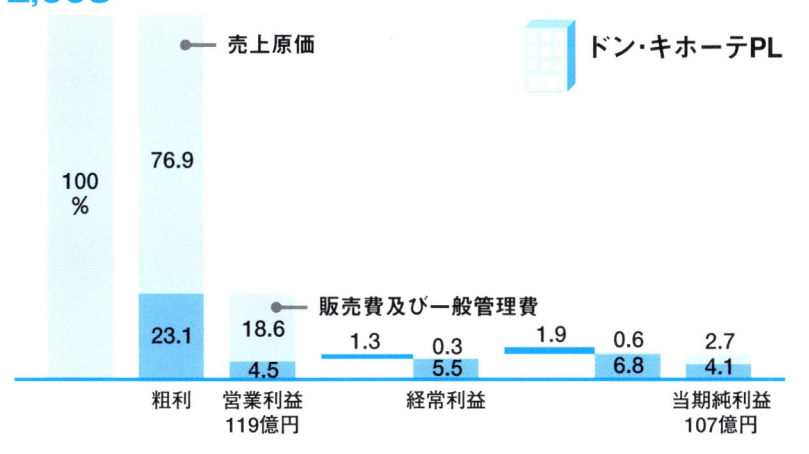

ドン・キホーテPL

売上高 **2,608**億円

- 100%
- 売上原価 76.9
- 粗利 23.1
- 販売費及び一般管理費 18.6
- 営業利益 4.5 / 119億円
- 1.3 / 0.3
- 経常利益 5.5
- 1.9 / 0.6
- 当期純利益 6.8 → 2.7 / 4.1 / 107億円

■ CSからわかること

今度はCSを見てみましょう。CSのパターンからいえば図表3-10で見る通り、ローソンは（＋、－、－）の会社、ドン・キホーテは（＋、＋、＋）の会社です。しかし、CSから会社の状態を把握するには実際のCSを

図表 3-10 ローソンとドン・キホーテのCS比較

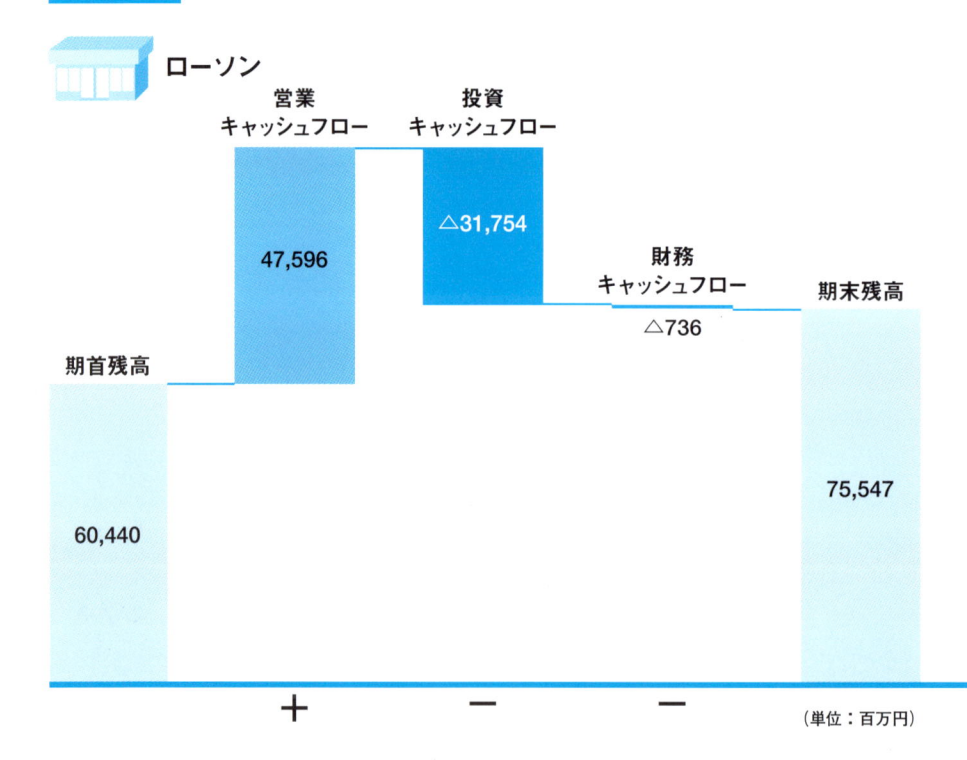

ローソン

- 期首残高: 60,440
- 営業キャッシュフロー: 47,596 （＋）
- 投資キャッシュフロー: △31,754 （－）
- 財務キャッシュフロー: △736 （－）
- 期末残高: 75,547

（単位：百万円）

子細に眺める、それも何期かにわたって眺めてみる必要があります（巻末資料、参照）。

　キャッシュフローの3つのパターンを大まかにつかんだら、次に見るのは投資キャッシュフローと財務キャッシュフローの詳細な項目です。ローソンの投資キャッシュフローは、有価証券の取得と償還をほぼ相殺すれば、大き

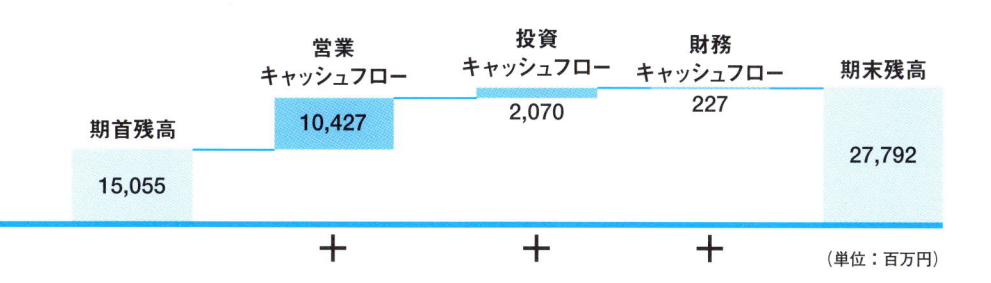

ドン・キホーテ

期首残高	営業キャッシュフロー	投資キャッシュフロー	財務キャッシュフロー	期末残高
15,055	10,427	2,070	227	27,792
	＋	＋	＋	

（単位：百万円）

図表 3-11　ローソンとドン・キホーテの成長比較

ローソン

(単位：億円)

	2002	2003	2004	2005	2006
営業総収入	2,503	2,456	2,544	2,681	2,831
営業利益	341	381	429	439	445
経常利益	307	366	423	439	446
当期純利益	89	186	204	220	210
総資産	3,426	3,548	3,563	3,751	3,983
純資産	1,519	1,543	1,603	1,752	1,995
店舗数(店)	7,625	7,821	8,077	8,366	8,564

ドン・キホーテ

(単位：億円)

	2002	2003	2004	2005	2006
売上高	1,154	1,586	1,928	2,328	2,608
営業利益	69	92	106	108	119
経常利益	77	102	126	128	144
当期純利益	40	56	68	72	107
総資産	725	934	1,268	1,500	1,675
純資産	266	322	417	521	727
店舗数(店)	53	70	93	107	122

な項目はやはり固定資産の取得です。無借金経営ですから、財務キャッシュフローは配当金の支払いや自己株式の動きに関するものだけですね。

ドン・キホーテの投資キャッシュフローは、固定資産の取得と売却の額が同じくらいであったり、株式の取得や売却による動きがあったりで、トータルの投資キャッシュフローは20億円ほどのプラスですが、前期はやはり固定資産の取得を中心にトータルで150億円ほどのマイナスになっています。前期はこの投資キャッシュフローを財務キャッシュフローでほぼまかなっているという構図です。コマーシャルペーパーとは、企業が資金調達のために発行する約束手形のことです。

図表3-11のように、両社共に順調に成長してきています。**潤沢な営業キャッシュフローを稼ぎ出し、投資キャッシュフローにかなりのお金が使われているというCSのパターンからいっても優良な企業であることがわかります。**

有価証券報告書や決算短信をさらに深く読み込めば、いろいろなことがわかってきます。経営の基本方針として、ローソンは「みんなと暮らすマチを幸せにする」ことを一番大切にしていて、ドン・キホーテは購買の「アミューズメント性：楽しさ」を最重要視しています。

目標とする経営指標にも差があります。

ローソンはROEとEPS（Earnings Par Share：1株当たりの当期純利益）を大切にすることを明らかにして数値目標を定めていますし、ドン・キホーテは経常利益率、EPS、売上高など収益性と成長率を大切にし、具体的な目標数字を設定しています。これらの経営方針の違いが、今後の業績にどういった影響を及ぼしていくのか楽しみな気がします。

PART 3　09　経営改善のための視点①
自己資本比率の改善と経営効率の改善

■ CSの計画を立ててBSを改善していく

　もともと私が財務3表を一体とした会計の勉強法を編み出したのは、私の顧問先の社長さんに会計の知識を持って経営改善をしてもらいたかったから、というお話をしました。中小企業の社長さんは、「お金のことはかあちゃんと税理士さんに任せているから」というようなことを言われる方が結構います。しかし、経理担当である「かあちゃん」は伝票の整理と日々の資金繰りをしているだけですし、税理士さんは税金の計算と税務申告を代行するのが主な仕事です。**社長にこそ財務3表を見て経営をしてもらわなければ困るのです。**

　BSは、経営者の成績表だといわれます。毎期黒字を出していれば利益剰余金が増えていきますから、必然的に自己資本比率が高くなっていきます。しかし、会社というものはいいときばかりではありません。不況もあれば、競争が厳しくなることもあります。自己資本が少ない会社が大幅な赤字を出すと、簡単に債務超過になってしまいます。大幅な赤字が出ているということは、一般的には本業でキャッシュが稼げていないということですから資金繰りが苦しくなってきます。

　苦しい状態になったとき、もしあなたの会社が債務超過の状態なら、そう簡単にはお金は貸してもらえないのです。ですから、少し利益が出たからといって「税金を払うのはイヤだ」などと不要なものまで買って利益を押さえ込むような経営をしていてはダメなのです。

　会社が倒産するのは、経営者がBSを読めないからだともいわれます。一理あることだと思います。いままで勉強してきたように、借入金の返済額はPLのどこにも表れません。もしあなたの会社が、すべて現金商売をしてい

て減価償却費もないような会社であれば、営業利益がそのままあなたの会社が稼ぎ出した現金です。しかし、わずかばかりの営業利益を出していても、その中から利息を支払い、税金を支払って当期純利益がほぼ「０」のような経営を続けていれば、借入金の元金はまったく減っていかないのです。

　このような会社では１年間の約定に従って支払った元金分がそのまま足りなくなってしまいますから、毎年支払った元金分をまた違った形で借り入れなければならないのです。これでは、銀行に利息を払うために事業を行なっているといわれても致し方ありません。

　利益を出していくことは大切ですが、ＰＬは現金の動きを表すものではありませんから、**将来にわたって資金の運用計画を立てて、どのようなスケジュールで借入金の元金を減らしていくかの計画を立てて経営していくべきです**。

　たしかに、将来の売上計画は立てにくいものです。何が起こるかわかりません。しかし、将来の支出については簡単に予想ができます。従業員を減らす気持ちがないのであれば、給料などの固定費はその上昇分も含めて簡単に算定できますし、その他の経費も同様のビジネスを行なっていくのであれば過去の実績からほぼ予測できます。借入金の返済額も約定で決まっています。そうであれば、たとえば５年後に借入金を半分にしようと思えば、毎年どれだけのキャッシュが必要かは必然的にわかってきます。

　いま申し上げていることについては、のちほど経営シミュレーションのところで、ＰＬ、ＢＳ、ＣＳを見ながら具体的な数字を使って詳しく説明します。

　私はコンサルタントとして、いくつかの中小企業の経営を見てきましたが、**調子が悪くなっている会社は、本業で利益が出なくなっているというよ**

りも、過去のバブル期の経営の失敗などによって借入金が膨らんでどうしようもなくなっているところが少なくないのです。

■ BSを見て経営効率を上げていく

　財務諸表が理解できたからといって、売上が増えるわけではありません。しかし、**財務諸表を理解して経営をしている会社とそうでない会社では経営状態に歴然とした差が出てきます**。残念ながら、中小企業の社長さんでBSを見ながら経営をしている人はそう多くありません。

　会社の規模に関係なく、部長まではPLの数字だけに責任を持っていればいいのですが、**経営者とはPLとBSとCSに責任を持つ人のことです**。繰り返しになりますが、事業という観点では「売上」と「利益」だけでなく、「投資」と「リターン」という2つの単語がキーワードになります。投資とリターンの関係である経営効率をどう上げていくかという観点に立てば、BSを見ながら経営をする必要があります。BSの左側は資産を表しますから、無用な資産を抱えていれば総資産が増え、その分だけ総資本も多くなります。それは、一般的には借入金が増え、支払利息が増えていくことを意味します。

　経営者は、BSを見ながら経営しなければなりません。**無駄な資産をどのように減らしていくかという視点です**。

■ 流動資産の効率を考えよう

　現預金から見ていきましょう。

「会社が大変なことになったら銀行に助けてもらわなければならないから、付き合いのためにもある程度の借入は継続しておく必要がある」などと言って、事業の調子もよく、かつ莫大な現預金を持っていながら、必要でもない借入を続けている会社があります。

　たしかに、ビジネスは多くの関係者に助けてもらいながら行なうものですから、合理性だけでは割り切れないお付き合いも、ある程度は必要でしょう。しかし、**会社の調子が極端に悪くなってしまえば、銀行もお金は貸してくれないのです**。銀行の支店長や担当者は変わりますから、人間的なつながりも継続されません。

　また、たくさんの借入をして現金をたくさん持っていれば資金繰りの心配がありませんから、会社全体のことを考えず自分の仕事を楽にすることしか考えていないような財務担当者は多めの借入をしたがります。いまや銀行はお金を貸すところがなくなってきていますから、利益の出ている会社には貸したくてしょうがないのです。この点からも、経営者は無駄な資産を増やさないという経営者の視点で、妥当な借入金の額を検討すべきでしょう。

　売掛金の回収期間を短くすれば、資金繰りはよくなりますし資産の額も減ります。私の知人の高級真空管アンプを作っている会社は、市場価格が3000万円もするアンプだというのに、代金は全額前払いで入金してもらって商売をしています。代金の入金が確認されてから製作に入るのです。こんな商売をすれば、資金繰りの心配はありませんね。

　売掛金の回収期間を短縮するべく取引先と交渉することは必要ですが、相手があることですから、実際にこれをコントロールすることはなかなか難しいものです。問題なのは、売掛金の回収に無頓着な会社が多いことです。営業が「自分たちは売るのが仕事で、代金回収は経理部門の仕事」くらいに考

えている会社が多いのです。**一般的にはもちろん、代金回収までが営業の仕事であるべきです。**

代金回収が遅れれば資金繰りが悪くなり、場合によっては借入をしなければならなくなります。従業員に会社全体の投資効率という感覚がなければ、「もう１日早く販売すれば、１カ月入金が早くなる」というようなことがあったとしても、何も考えず、まったく無頓着に営業をしてしまいます。代金回収が経営に与える影響を従業員にきっちり伝え、会社の規模によっては売掛金残高一覧表などを作って管理していく必要があるでしょう。

無駄な商品在庫などの棚卸資産を持つと資産が膨らみます。利益が同じであれば、会社全体の投資効率が落ちるわけです。トヨタのかんばん方式は、いわば仕入れる部品などを積んだトラックが走っている道路の上が在庫置き場のようなものですから、トヨタ内には大きな在庫置き場を作る必要がなくなります。流動資産の在庫が減るだけでなく、倉庫という固定資産も減らせるわけです。

適正在庫量というのは当然ビジネスの形態によっても異なりますが、いままでの事業実態からいって自社の適正な在庫量はどれくらいなのかを正しく把握し、在庫を減らすための発注業務の流れやシステム、はたまた物流も含めて、棚卸資産の削減に努める必要があります。

これら売掛金や棚卸資産の状況をチェックする指標として、「売上債権回転率（売上高÷売上債権）」や「棚卸資産回転率（売上高÷棚卸資産）」などがあります。

業種によっても違いますが、**売上債権回転率は６回以上が理想で、３回以下になると危険**といわれています。**棚卸資産回転率は、製造業の場合12回以上なら適正で６回以下は危険、流通業の場合は20回以上なら適正で10**

回以下は危険といわれているようです。

■ 固定資産の効率も考えよう

「会社が自社ビルを建てて社長が社長室を持つと、会社はおかしくなる」などといわれます。従業員のための良好な労働環境は大切でしょうが、実は自社ビル自体が売上を上げてくれるわけではないのです。自社ビルがいいのか、貸しビルがいいのかは、会社の規模にも成長段階にもよるでしょう。変化している会社は、自社ビルなどを持つより貸しビルのほうが効率的な場合があります。

会計的にいえば、**自社ビルを持てば減価償却費がＰＬに計上されますが、貸しビルの場合は賃借料がＰＬに計上されます**。もし、減価償却費と賃借料がほぼ同額であれば、もともと持っていた自社ビルを売却すればキャッシュは増えますし、そのキャッシュで借入金を返せば資産が減りますからROAは上がります。

昨今は日本でも「会社は株主のもの」という風潮が高まり、会社の業績をROAやROEで判断することが多くなってきました。自社ビルを売却して資金繰りを良くし、ROAを高めている会社も世の中にはたくさんあります。一昔前の「大きいことはいいことだ」から「持たざる経営」に変わってきています。

ただ、なんでもかんでも「持たなければよい」というものでもありません。**固定資産でいえば、自社ビルは減価償却が終了すればＰＬの費用項目はなくなりますが、貸しビルの賃借料は永久的に発生します**。冷静な目で自社にはどのような資産の持ち方が適切なのかを判断していく必要があります。

以上のように、流動資産の適正量を管理し、もっとも適切な固定資産の持

ち方を再検討し、会社全体の投資効率を良くしていくことが必要です。そして、**最適最小の資産を持って最大の利益を上げ、内部留保の多い健全な会社にしていくことが大切なのです。**

コラム　中小のオーナー企業における会社と社長の関係

　蛇足ですが、小さなオーナー企業の場合は、内部留保が多くなり、少ない資本金にもかかわらず自己資本が多くなると、相続の場合は莫大な税金を支払わなければならなくなります。また、株式会社の株主は法的には有限責任、つまり出資した金額以上の責任は負わないのですが、日本の中小のオーナー企業の社長の場合は、会社の借入金に対して債務保証をし、担保も差し出し、会社が大変な状況になったらほぼ無限責任的な責任を取らされます。

　そういう意味では中小企業のオーナー社長の場合、会社と社長は一体です。ですから、出てきた利益は会社に留保しておくのがよいのか、個人資産として保有しておいたほうがよいのか、会社と従業員を守るためにも税理士さんと相談して、利益の出し方と利益の処分方法をよく考えておくべきだと思います。

PART 3　10

経営改善のための視点②
粉飾決算を見破り与信管理をしっかりやる

■ 決算書は粉飾されている

　企業を守っていこうとすれば、どのような会社とお付き合いするかはとても重要です。**会社が倒産するのは、赤字になるからではありません。キャッシュが回らなくなるからです。**そういう意味では、お金をちゃんと支払ってくれる会社とお付き合いができるかどうかはきわめて大切です。

　倒産した会社を見ると、本業がおかしくなったというより、取引先が倒産して手形の回収ができなくなり、その影響でキャッシュが回らなくなってやむなく闇金融に手を出し、最終的にどうしようもなくなったということが多いのです。

　取引先の与信管理をするとき、財務3表を見て、**毎年充分な利益を出し、BSの利益剰余金が積み上がっていて、売上も着実に上がっているような会社は安心です。**細かい項目は別にして財務3表をざっくり見れば、その会社のだいたいの姿はわかります。

　では、取引先の財務諸表が開示されていなくて、チラッと取引先のBSだけ見る機会があったら、あなたは何をチェックしますか。

　まずは流動比率ですね。これはすでに学びました。**流動比率を見れば、会社の短期の支払能力がわかります。**

　ただし問題なのは、この財務分析指標算出のもとになる財務3表自体が粉飾されている会社が少なくないということです。粉飾というと税金を減らしたり、取引先に対して儲け過ぎを隠したりするために利益を減らす操作のことを思い浮かべる方も多いかと思いますが、世の中で行なわれる粉飾はその多くが利益を上げるための操作です。

　赤字になると銀行からの借入金利は高くなりますし、赤字続きで債務超過

になってしまうと、基本的にだれもお金は貸してくれなくなります。公共事業を請け負うような会社は、赤字になれば入札資格さえなくなることがあります。ですから、赤字を黒字に見せたい会社は多いのです。

　利益を水増ししようとすれば、ＰＬとＢＳはつながっていますから、必ず資産の増加もしくは負債の隠蔽という形でＢＳに表れてきます。

　このことはすでに私たちはよく理解していますよね。

図表 3-12　利益の水増しはすぐにわかる！

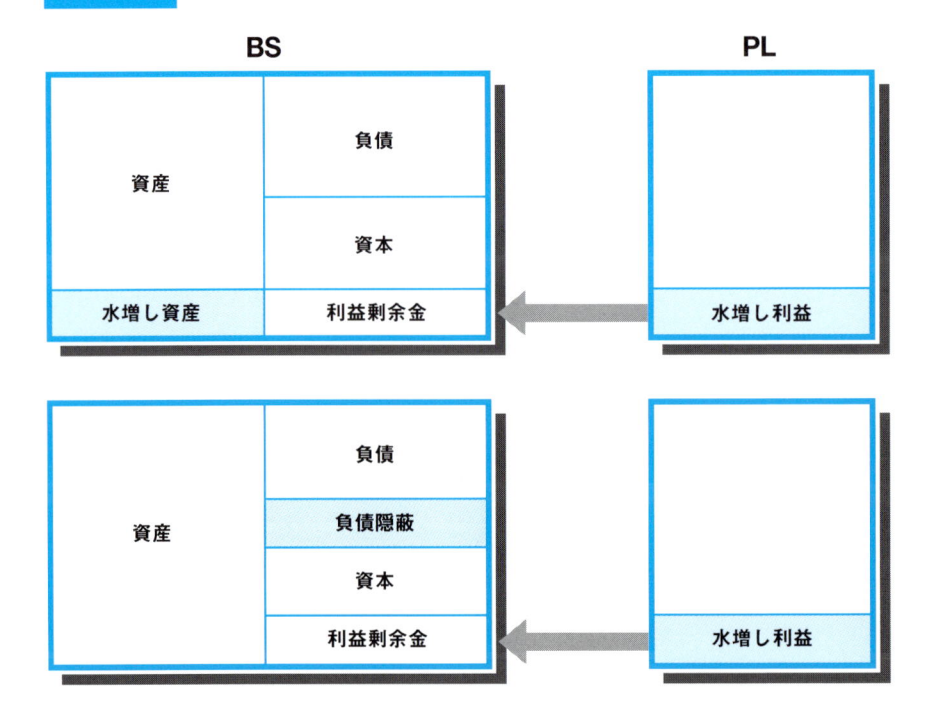

BS

資産	負債
	資本
水増し資産	利益剰余金

PL

水増し利益

BS

資産	負債
	負債隠蔽
	資本
	利益剰余金

PL

水増し利益

■ **粉飾の手口**

　もっとも頻繁に行なわれる粉飾は、売上高の水増しです。売上高は額が大きいので、少しくらい増やしてもわかりづらいのです。**売上を水増しすると、BSには通常売掛金の増加で表れてきます**。その期だけの売上の水増しはなかなか見抜けませんが、長期にわたって売上の水増しをしていくと売掛金が過大になってきますから、異常値としてわかってきます。このように、粉飾を見抜くにはBSを見る必要があるわけです。

　売上高の水増しは、架空の売上計上だけではありません。懇意にしている取引先に決算期直前に行って、「この商品を買ったことにしてもらえませんか。来期になったらすぐにキャンセルしていただいて結構ですから」とお願いし、決算期内に売上を計上するケースもあります。これはもちろん、売掛金としてBSに計上されます。そして、来期になったらその売掛をキャンセルするのです。

　その他、よく行なわれる粉飾の手口をいくつか説明しておきましょう。

　売上と費用は対応していなければなりませんが、請求書を翌期に発行してもらうことなどはよくあります。

　よく行なわれるのが、在庫の操作です。いままで勉強してきたように期末在庫が増えればその期の売上原価が少なくなりますから、利益が増えましたよね。会計監査人でもいない限り、会社の在庫まで確認にくる人はいませんから、**この在庫操作で簡単に利益が増やせるのです**。ひどいところになると、減価償却費を計上していない会社さえあります。

　BSの項目で説明すると売掛金です。取引先が倒産しているなどで回収不能になっている売掛金は処理しておかなければなりません。回収不能の売掛

図表 3-13 　BSのここを見れば粉飾が見抜ける！

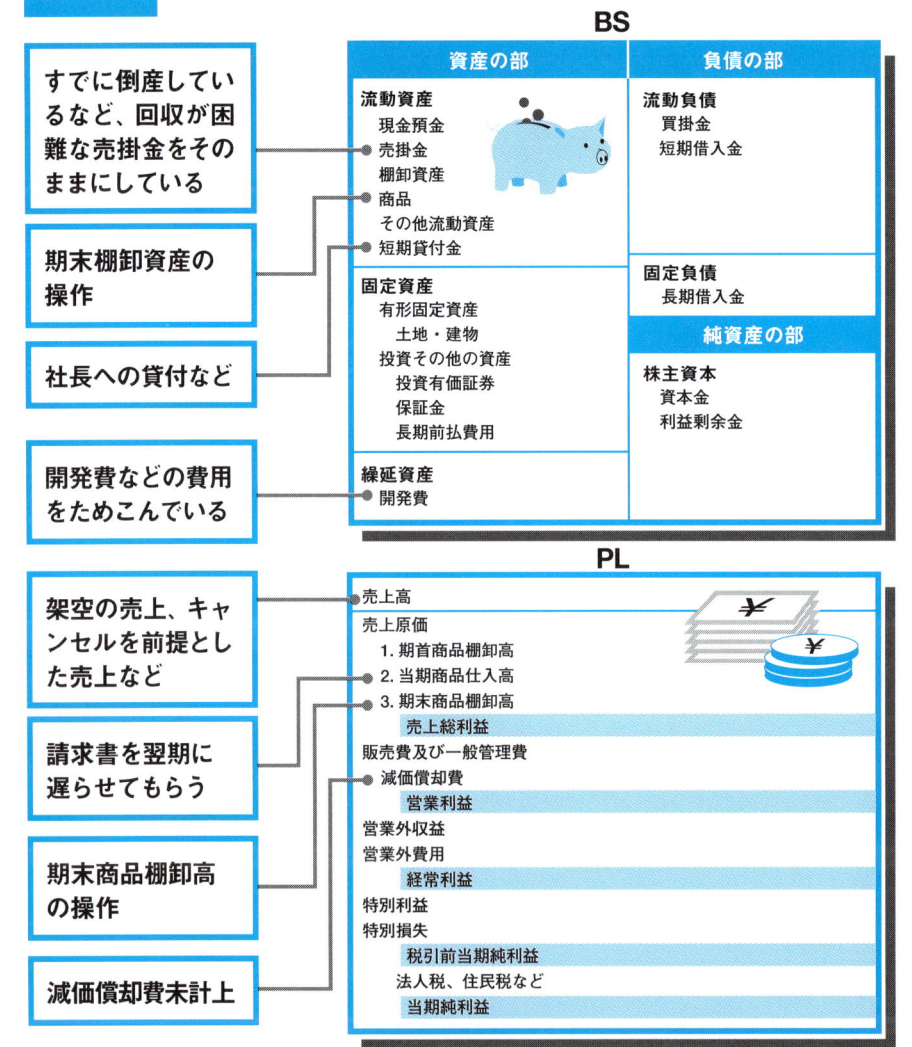

BS

資産の部	負債の部
流動資産 　現金預金 　売掛金 　棚卸資産 　商品 　その他流動資産 　短期貸付金 固定資産 　有形固定資産 　　土地・建物 　投資その他の資産 　　投資有価証券 　　保証金 　　長期前払費用 繰延資産 　開発費	流動負債 　買掛金 　短期借入金 固定負債 　長期借入金 **純資産の部** 株主資本 　資本金 　利益剰余金

- すでに倒産しているなど、回収が困難な売掛金をそのままにしている → 売掛金
- 期末棚卸資産の操作 → 商品
- 社長への貸付など → 短期貸付金
- 開発費などの費用をためこんでいる → 開発費

PL

売上高
売上原価
　1. 期首商品棚卸高
　2. 当期商品仕入高
　3. 期末商品棚卸高
　　売上総利益
販売費及び一般管理費
　減価償却費
　　営業利益
営業外収益
営業外費用
　　経常利益
特別利益
特別損失
　　税引前当期純利益
　　法人税、住民税など
　　当期純利益

- 架空の売上、キャンセルを前提とした売上など → 売上高
- 請求書を翌期に遅らせてもらう → 当期商品仕入高
- 期末商品棚卸高の操作 → 期末商品棚卸高
- 減価償却費未計上 → 減価償却費

金を会計上処理しようとすれば、ＢＳの右側もその額だけ減らさなければなりません。**売掛金の処理は、ＰＬの特別損失のところに貸倒損失を計上し利益を下げることによってＢＳの右側が減るという形で表れます。**しかし、そうすると利益が減ってしまうので、回収不能の売掛金をそのままにしているのです。

■ 費用計上か、資産計上か

　社長がだれにも迷惑をかけずに利益を簡単に増やそうと思えば、**まずは自分の役員報酬を「0」にします。**役員報酬は従業員の給与手当と同じように販売費及び一般管理費に計上されていますが、これを減らせばその分だけ利益が増えます。

　しかし、大金持ちの社長ならいいのですが、1年間社長報酬がないことになれば、今度は社長の家計が回っていきません。**そんなときどうするかといえば、短期貸付金として会社が社長に貸し付けるのです。**もちろんこれは会社にキャッシュがあればという話ですが……。

　PART 2でも使った図表3−14を用いて説明しましょう。

　社長に50万円を短期貸し付けした場合です。ＰＬに変化はなく、ＢＳの現金が50万円減って、それをすぐ下の「短期貸付金」の項目に計上するのです。短期貸付金も、将来に支払ってもらえるであろう権利です。売掛金と同様の権利ですね。こうして、ＰＬを悪化させることなく社長に現金を渡せるのです。

　繰延資産も、同じように利益操作に使われる場合があります。開発費は、基本的にはその期のＰＬに費用として計上します。ところが、PART 2の

図表 3-14 利益を増やす方法（費用計上か、資産計上か）

貸借対照表（BS） （単位：万円）

資産の部		負債の部	
流動資産		流動負債	
現金及び預金	330	買掛金	
売掛金	100	短期借入金	200
短期貸付金			
		固定負債	
固定資産		純資産の部	
工具器具備品	40		
		株主資本	
		資本金	50
		利益剰余金	
		繰越利益剰余金	220
資産合計	470	負債・純資産合計	470

損益計算書（PL）

売上高	460
売上原価	230
①売上総利益（粗利）	230
販売費及び一般管理費	
事務用品費	10
②営業利益	220
③経常利益	220
④税引前当期純利益	220
⑤当期純利益	220

貸借対照表（BS） （単位：万円）

資産の部		負債の部	
流動資産		流動負債	
現金及び預金	280	買掛金	
売掛金	100	短期借入金	200
短期貸付金	50		
		固定負債	
固定資産		純資産の部	
工具器具備品	40		
		株主資本	
		資本金	50
		利益剰余金	
		繰越利益剰余金	220
資産合計	470	負債・純資産合計	470

損益計算書（PL）

売上高	460
売上原価	230
①売上総利益（粗利）	230
販売費及び一般管理費	
事務用品費	10
②営業利益	220
③経常利益	220
④税引前当期純利益	220
⑤当期純利益	220

繰延資産のところで説明したように、開発費の一部は繰延資産に計上されることが認められています。これを使って、利益を下げないようにしようとするのです。

　この短期貸付金と繰延資産の例からご理解いただきたいのは、**現金が出ていけば、それはＰＬの費用として計上され利益が減りＢＳがバランスしますが、ＰＬの費用とせずに出ていった現金分をＢＳの資産としてしまえば、ＰＬを悪化させることなくＢＳをバランスさせることができるのです**。ですから、ＢＳの左側の「保証金」とか「長期前払費用」といった項目に会社のウミを溜め込んでいる会社があります。

　繰延資産に計上する項目は、基本は当期の費用に計上するのが原則ですから、調子の良い会社はすべてその期で費用処理しています。**莫大な繰延資産を計上していれば、「この会社は経営が苦しいんだな」と思ってほぼ間違いないでしょう**。

　このように、利益は操作されている場合があります。ですから、金融機関や調査会社から出てくる財務分析指標を見ただけではダメなのです。財務分析指標を使って財務分析をするだけではなく、売掛金や在庫が急に変な動きをしていないかとか、ＣＳのそれぞれのキャッシュの動きはどうなっているかなどのチェックが必要なのです。

PART 3 11 経営改善のための視点③
事業再生とM&Aで重視されるキャッシュフロー

■ 営業キャッシュフローはプラスかマイナスか

　調子が悪くなっている会社を見ると、本業自体が悪くなっているのではなく、経営の失敗やバブル期に踊らされたことにより過大な負債を抱えて四苦八苦している場合が多いことは、すでに述べた通りです。

　これは、金融機関にも問題がある場合が少なくありません。銀行は、バブル期の会社の調子が良かったときに、「自社ビルを建設したり不動産を購入したりすれば、減価償却費が計上できます。資金は私たち銀行が準備しますから心配ありません。借入金があれば支払利息もＰＬに計上できますから、さらに税金が減ります。税金は減るわ、資産は増えるわでいいことづくめです」などと言って多額の融資をしています。

　たしかにＰＬ上はそうです。しかし、将来にわたって莫大な借入金の返済義務を負うことになるのです。そして、その借入金の元金の返済額はＰＬのどこにも表れないのです。これも、社長がＰＬしか読めないことから生じた悲劇です。ビジネスは「投資」と「リターン」がポイントであり、経営者の仕事はＢＳの姿を良くしていくことだという認識があれば、事態は少しは違っていたでしょう。

　中小企業の社長さんの中には、「銀行は天気のいい日には傘を貸してくれるけど、雨が降り出したら傘を取り上げていくだろ。あいつらには心というものがないんだ」などと言って銀行の人と話をしたがらない人がいますが、銀行もお金を貸して利息を稼ぐ商売をしているのですからやむをえないのです。それに、社長の経営がしっかりしていて利益を出している会社には銀行が押し寄せてきます。銀行が悪いのではなく、そもそも社長が経営者としての知識も持たずに、経営していること自体が問題なのです（すみません、

ちょっと言い過ぎました)。

　事業が再生できるかどうかの1つの判断基準は、営業キャッシュフローがプラスかどうか、つまり本業で現金を生み出せているかどうかです。本業でのキャッシュがプラスになるまではまず経営努力をしてもらわなければなりません。

　銀行にも人の心がわかる人はたくさんいます。会社の状況が悪くなったら銀行の中にいる心ある人に助けてもらいましょう。まずはしっかりとした事業計画を立てて、それを着実に実行して成果を上げていく。そして、その計画と成果を持って銀行に相談に行くのです。「この支払利息さえ少なくなれば、会社は再生できます」と銀行の人を説得できれば、債務の返済計画の見直しにも応じてくれるかもしれません。

　このように金融機関に助けてもらおうと思えば、しっかりした事業計画を立て、それを着実に実行して成果を上げるという企業側の経営努力が、まずは不可欠です。「天は自ら助くる者を助く」です。

　世の中には事業再生の専門家がたくさんいます。「借金が返せなくなったら、私の生命保険でけじめをつけよう」などとは考えないでください。専門家に相談してください。打つ手はたくさんあります。

コラム　夜逃げなどする必要はありません

　会社勤めをしていた頃、私はいまよりももっと世の中のことがわかっていなかったなと思います。独立して始めた事業もうまくいかず、来月には住宅ローンの支払いもできなくなるといった状況に追い込まれたとき、「ローンの支払いができなくなったら、夜逃げをしなければならない」と真剣に思っていました。

　しかし、ローンの支払いができなくなったからといって夜逃げなどする必要はありません。まずはリスケジュールといって、債務返済計画の変更を金融機関にお願いにいけばいいのです。

　会社も同じです。借入金が返済できなくなったからといって自殺する必要などまったくありません。憲法第25条には、「すべての国民は、健康で文化的な最低限度の生活を営む権利を有す」と定められています。

　「会社が倒産したら親族郎党がその責任を負うべきだ」とか「自己破産したら日陰者として生きるべきだ」といった、日本人の誤った考え方は葬り去るべきです。米国には、失敗しても再挑戦した人を称賛する文化があります。これは、私たち日本人も見習うべき点だと思います。

■ 将来のキャッシュフロー

　M&AはMergers & Acquisitionsの略で、日本語では企業の合併と買収と訳されています。私のサラリーマン時代の最後の3年ほどは、外国企業とのM&Aの交渉が主な仕事でした。M&Aは、企業を株主の所有物として扱ってもあまり違和感のない海外だけで行なわれることかと思っていましたが、昨今は日本でも頻繁に行なわれるようになってきました。それも、**大企業だけでなく、いまや中小企業にもM&Aの波が押し寄せています**。

　会社を辞めてから7年間の中小企業を対象にしたコンサルティングを通して、会社の浮沈は社長で決まると感じるようになりました。昔から「会社は社長の器以上にならない」といわれますが、それはウソだと思います。好調な業界にいる会社には、社長の器以上に大きくなっている会社もあります。逆にどんなに立派な方が社長をしておられても、不況業種の中ではなかなか売上が伸びていない場合もあります。

　ただ、ひとつ言えることは「会社は社長の心を映し出す鏡」だということです。優しい社長が率いる会社は、社内の雰囲気もほのぼのとしたものがあります。反対に、自分のことしか考えていない社長の会社はまとまっていません。

　ですから、とりわけ中小企業にとっては、だれを後継者にするかがその会社の命運を決めるといえます。そういう意味では、適切な後継者がいない場合、力のある社長さんに経営を任せたほうが、社長も従業員もその会社のお客様もみんなが幸せになることがあります。

　後継者問題は、昨今の中小企業が抱える大きな悩みの1つです。**これからの中小企業においてはM&Aが経営の1つの手法として盛んに検討されるよ**

うになるでしょう。

　M&Aは会社の売買ですが、そのときの会社の値段はどう決めるのでしょうか。人によっては、その会社が持っている資産の価値が会社の値段だと思っている人もいるでしょう。では、資産をほとんど持っていないサービス業などが莫大な利益を上げている場合、この会社の値段はどう計算したらよいでしょうか。

　少し会計の勉強をした人なら、会社は株主のもので、資本金と会社が積み上げた利益剰余金の合計である純資産の部こそが会社の価値だと思っているでしょう。では、過去に利益をたくさん出して純資産の額は非常に大きいけれど、将来利益を上げる可能性がほとんどなくなってしまっている会社の値段はいくらでしょうか。

　ビジネスの分野においてモノの値段は、それが将来生み出すキャッシュフローを現在の価値に計算し直したもので決まります。

　しかし、会社が将来生み出すキャッシュフローを予測するのはきわめて難しいので、過去に生み出した利益の倍数でおおよその会社の値段を決める方法もあります。現実には、その他さまざまな要因を考慮して、最終的には社長同士の話し合いで会社の値段は決められることになります。

　ただ、ここで申し上げたいのは、**M&Aにおいても重要なのはキャッシュフローだ**ということなのです。

PART 3 — 12

経営改善のための視点④
経営のどこをどう変えると財務3表はどう変わるか？

　経営改善のための視点としていろいろ申し上げてきましたが、大切なのはキャッシュフローです。経営者の成績表はBSです。将来の資金繰りを計画して理想とするBSを作り上げていくのが経営者の役目です。事業再生でも再生の境目は、営業キャッシュフローがプラスかマイナスかにあります。**会社の値段も、将来生み出すキャッシュフローによって決まるのです。**

　経営者の方々には、いままでのPLをベースにした経営に、BSとCSの視点を入れて、財務3表に責任を持つ経営に移行していただきたいと思います。前述しましたように、**財務3表を見ろといっても、ポイントは売上・費用・損益・資産・負債・純資産・キャッシュフローだけですから、そんなに難しいことではありません。**

　ここで、いままで説明してきた知識を使って経営改善のシミュレーションをしてみましょう。

　図表3−15の左下のBSを見てください。よくあるタイプの調子の良くない中小企業のBSです。すでに債務超過の状態です。売上高4億円の会社で、年間の売上高の半分にあたる2億円の有利子負債を抱えています。借入利率は5％で、年間支払利息が1000万円発生しています。

　この会社は小売業だと仮定してください。粗利は、小売業界では標準的な35％としました。1億5000万円の固定資産に対して、減価償却費が年間1000万円です。事業継続のために、減価償却費と同額の1000万円の投資を毎年行なっています。わずかばかりの営業利益（1000万円）は出ているのですが、支払利息で持っていかれて、なんとか赤字転落だけは免れているような状態です。まさによくある典型的な中小企業の例です。

　この会社が、何の経営努力もせずにそのまま5年経過したらどうなるでしょう。利益もキャッシュも生み出していませんから、BSは5年前と同じ

図表 3-15　経営改善シミュレーションの例

前提条件

粗利率	35%
金利	5%
減価償却費	年間10百万円（1000万円）

（単位：百万円）

		1 2008	2 2009	3 2010	4 2011	5 2012	合計
PL	売上高	400	400	400	400	400	
	売上原価（売上高の65％）	260	260	260	260	260	
	①粗利	140	140	140	140	140	
	販売費及び一般管理費	130	130	130	130	130	
	②営業利益	10	10	10	10	10	
	営業外費用（支払利息）	10	10	10	10	10	
	③経常利益	0	0	0	0	0	
	④税引前当期純利益	0	0	0	0	0	
	法人税等	0	0	0	0	0	
	⑤当期純利益	0	0	0	0	0	0
CS	営業キャッシュフロー　税引前当期純利益	0	0	0	0	0	
	減価償却費（＋）	10	10	10	10	10	
	支払利息（＋）	10	10	10	10	10	
	売上債権・棚卸資産の減少（＋）	0	0	0	0	0	
	小計	20	20	20	20	20	
	利息の支払額（－）	－10	－10	－10	－10	－10	
	法人税の支払額（－）	0	0	0	0	0	
	営業キャッシュフロー計	10	10	10	10	10	
	投資キャッシュフロー	－10	－10	－10	－10	－10	
	営業キャッシュフロー・投資キャッシュフロー計	0	0	0	0	0	0

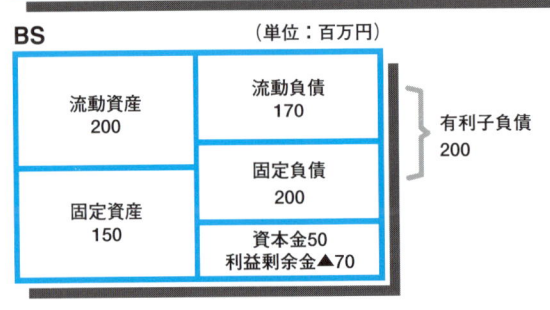

BS　（単位：百万円）

流動資産 200	流動負債 170	有利子負債 200
	固定負債 200	
固定資産 150	資本金50 利益剰余金▲70	

改善ポイント

+
売上	5％アップ（400百万円→420百万円）
販売費及び一般管理費	約5％ダウン（130百万円→124百万円）
売掛・棚卸	約5％ダウン　（毎年10百万円圧縮）
投資	減価償却費の8割に抑える（10百万円→8百万円）

（単位：百万円）

		1 2008	2 2009	3 2010	4 2011	5 2012	合計
PL	売上高	420	420	420	420	420	
	売上原価（売上高の65％）	273	273	273	273	273	
	①粗利	147	147	147	147	147	
	販売費及び一般管理費	124	124	124	124	124	
	②営業利益	23	23	23	23	23	
	営業外費用（支払利息）	10	10	10	10	10	
	③経常利益	13	13	13	13	13	
	④税引前当期純利益	13	13	13	13	13	
	法人税等	5	5	5	5	5	
	⑤当期純利益	8	8	8	8	8	40
CS	税引前当期純利益	13	13	13	13	13	
（営業キャッシュフロー）	減価償却費（＋）	10	10	10	10	10	
	支払利息（＋）	10	10	10	10	10	
	売上債権・棚卸資産の減少（＋）	10	10	10	10	10	
	小計	43	43	43	43	43	
	利息の支払額（－）	−10	−10	−10	−10	−10	
	法人税の支払額（－）	−5	−5	−5	−5	−5	
	営業キャッシュフロー計	28	28	28	28	28	
	投資キャッシュフロー	−8	−8	−8	−8	−8	
	営業キャッシュフロー・投資キャッシュフロー計	20	20	20	20	20	100

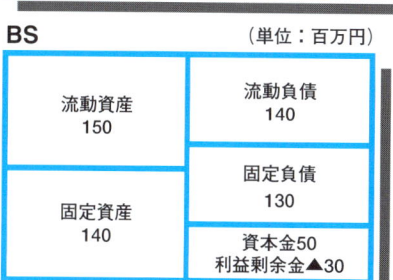

BS　（単位：百万円）

流動資産 150	流動負債 140	有利子負債 100
固定資産 140	固定負債 130	
	資本金50 利益剰余金▲30	

PART 3　財務3表から会社の様子をつかもう

形です。

　この会社が、売上5％アップ、販売費及び一般管理費5％ダウン、流動資産のほとんどが売掛金と在庫だと仮定して、このじゃぶじゃぶの売掛金と在庫の約5％にあたる1000万円を毎年継続して圧縮していき、投資を減価償却費の8割である800万円に抑えるという経営努力をしたとしましょう。数字的には、現実離れした経営努力ではありませんね。ちなみに、法人税等は実効税率を約40％としました。

　すると、どうなるでしょう。5年間トータルの当期純利益は4000万円、キャッシュフローは1億円です。このキャッシュ全額を、5年後の時点で借入金(有利子負債)の返済に充てました。具体的にはこの1億円で、流動負債3000万円と固定負債7000万円を減らすことができたとしましょう。

　このことによりBSは、図表3−15の右下ページの図表のようになります。債務超過は免れ、有利子負債も半分に減っています。今後は、年間の支払利息も500万円で済みます。こうやって経営はさらに改善していきます。

■ 会社に関係のある人を幸せにする

　経営者はPLの売上と費用だけを見て経営するのではなく、BSの資産・負債・純資産、そしてCSのキャッシュフローを見て経営しなければならないということの意味がおわかりいただけたでしょうか。

　目標を立てたからといって、達成できるわけではありません。しかし、このようなBS改善の目標も持たず、利益が出そうになったら特段必要でない物まで購入して税金を減らすことばかり考えているような経営をしていては、会社の将来には暗雲が立ち込めますし、そのような社長が率いている会

社の社員は浮かばれません。**借入金の多い会社は、現在の年間の支払利息の額がすべて従業員のボーナスに回せたと考えてみてください。従業員の幸せそうな顔が思い浮かびませんか。**

　もちろん、ＢＳを改善していくために一番インパクトがあるのは、ＰＬの売上と費用であることは間違いないでしょう。しかしそれに加えて、ＢＳとＣＳを見ながら経営を改善するという視点も持っていただきたいと思います。この日々の少しずつの積み重ねが、あなたの会社を優良企業へと導いてくれるのです。

　会社の第一の目的は利益を上げることではありません。会社と仕事を通して、お客様や取引先や従業員など会社に関係のある人を幸せにすることこそが会社の使命です。そして、それらの関係者を幸せにできるかどうかはひとえに経営者にかかっているのです。

　最後に、これまでに説明した財務分析指標を図表3-16として一覧表にしておきました。これらの指標の目安は一般論でしかありません。業種によって大幅に違いがあることをご認識ください。これらの指標を同業他社と比較したり、期間比較したり、はたまた標準比較することによって少しは会社の様子がわかると思います。ある１社の、それも単年度の財務３表を見てわかることには限度があります。

　図表3-16の中の備考に「TKC」と書いてある項目は、TKC全国会のHP（http://www.tkcnf.or.jp/）からデータが無料でダウンロードできる指標です。また、上場企業の有価証券報告書はEDINET（http://info.edinet.go.jp/EdiHtml/main.htm）から無料でダウンロードできます。

図表 3-16　財務分析指標一覧

	財務分析指標	計算式	備考
収益性	売上高経常利益率(%)	経常利益／売上高	TKC
	総資本経常利益率(%)	経常利益／平均総資本	TKC
	ROA(Return On Asset)	営業利益／平均総資産 事業利益 (営業利益＋受取利息・配当)／ 平均総資産	6％以上は優良
	ROE(Return On Equity)	当期純利益／自己資本	
安定性	流動比率(%)	流動資産／流動負債	150％以上なら適正、100％未満は危険
	当座比率(%)	当座資産 (現預金＋受取手形＋売掛金)／ 流動負債	80％未満は危険
	自己資本比率(%)	自己資本／総資本	TKC、10％未満は危険信号
	固定比率(%)	固定資産／自己資本	100％以内が理想、120％程度なら 健全範囲、200％以上は危険
	固定長期適合率(%)	固定資産／ (自己資本＋固定負債)	120％を超えると黄信号
	デット・キャパシティ・レシオ	有利子負債／ (現預金＋有価証券＋固定資産)	
	有利子負債倍率	有利子負債／自己資本	0.4倍以下なら優良、2倍以上は危険
	債務償還年数(年)	有利子負債／ (営業利益＋減価償却費)	TKC、1.5年以下なら優良、 10年以上は危険
	売上債権回転率	売上高／売上債権	6回以上が理想、3回以下は危険
	棚卸資産回転率	売上高／棚卸資産	製造業：12回以上なら適正、6回以下は危険 流通業：20回以上なら適正、10回以下は危険
比較法	同業他社比較	同業他社との比較分析が重要	
	期間比較	一定期間を比較することにより変化・成長性などを分析	
	標準比較	標準指標(業界分析レポート等)との比較は説得力あり	

TKC	http://www.tkcnf.or.jp/
EDINET	http://info.edinet.go.jp/EdiHtml/main.htm

PART 3-13 財務3表に表れないけれど大事なものとは何か？

　何期分かの財務諸表を取り寄せ、業界他社と比較したり業界標準値と比較したりすると、会社のある程度の様子がわかってきます。しかし、財務諸表に表れない重要なこともたくさんあります。**一番大きいのは、その会社の社長や従業員の考え方や意欲・能力のレベルです。**

　たしかに長期的に見れば、その会社の社員の考え方・意欲・能力が財務3表に数字として反映されていくのでしょう。しかし、短期的に見れば、財務3表の数字と相関がない場合もあります。

　非常に競争力の強いお化け商品を持っているような会社は、過去も現在も営業成績が良いものです。しかし、内部ではそのお化け商品のためにコスト意識が低かったり、大きな挑戦ができない保守的な社風になっている場合もあります。逆に、倒産寸前の会社であっても、なかに入ってみると、追い込まれるところまで追い込まれて、最終的に社員全員が一丸となって再生に全力を挙げている会社もあります。

　いま現在いくら巨額な利益を出していようと、**「自社の売上と利益のことばかり」**考えているような会社に将来はないのではないかと思います。逆に、**「多くの利益は出ていなくても、お客様に喜ばれ、常に自分たちのレベルを上げることに努力を惜しまない」**会社は、いつか必ず花開いてくるでしょう。

　外部環境も変化しますし、人の教育には時間がかかりますから、その会社がいつ花開くかはわかりません。ただ言えることは、過去と現在の財務3表よりも、現在の社員がどのような考え方を持ち、どのような意識と態度で仕事に取り組んでいるかを理解するほうが、その会社の将来は正しく読み取れるのではないかということです。財務3表の価値とその限界を、よく理解して活用していくことが肝要なのでしょう。

あとがき

　財務3表を一体にした会計の理解法及びその活用法、いかがでしたでしょうか。

　私も、会計に対するアレルギーがなくなるまでには大変な時間がかかりました。たくさんの会計入門書を読んだ後でも、ＰＬとＢＳがつながっていることさえ理解していませんでした。昔は、財務3表を見ているふりをしていました。それはただ眺めているだけで、そこに書いてある数字や文字の意味、そしてその関連性はなんらわかっていませんでした。会計や財務の話についていけない肩身のせまさや恥ずかしさもありました。皆さんもそういう経験がおありではないでしょうか。

　本書をここまで読み進めてきてくださった方は、会計の本質的な理解という点においてはかなりのレベルに達しているはずです。今後は、会計や財務を専門とする人たちと臆することなく財務3表の話ができるようになるでしょう。

　ただ、そういうことだけでなく、会計の基本がわかることの一番のメリットは、いままでビジネスを「売上」と「利益」という視点だけで見ていたものが、「投資」と「リターン」という視点で見られるようになることだと思います。これこそが、まさにビジネス全体を俯瞰する経営者や資本家の視点です。この本が、読者の皆さんのそのような視点の変化に少しでもお役に立てたようであれば、著者として喜びに堪えません。

　本書はいままでに私が執筆した会計本と同じく、友人の会計士に入念なチェックをしてもらいました。訳あって彼の名前は明らかにできないのです

が、今回もまた彼の献身的な協力のおかげで本書を世に出すことができました。また、本書の出版に際しては、ダイヤモンド社の石田哲哉編集長とクロスロードの安藤柾樹氏に大変お世話になりました。その他にも、校正、デザイン、DTPなど、本書の出版に尽力してくださった方々がたくさんおられます。この場を借りて関係の皆様に心より御礼申し上げます。

2007年10月

千葉県印旛村にて　國貞　克則

巻末資料

ローソン 有価証券報告書

ローソン連結貸借対照表（BS）-①

区分	前連結会計年度 （平成18年2月28日） 金額（百万円）	構成比 （%）	当連結会計年度 （平成19年2月28日） 金額（百万円）	構成比 （%）
（資産の部）				
I　流動資産				
1　現金及び預金	60,940		71,950	
2　加盟店貸勘定	10,762		11,710	
3　有価証券	19,651		19,592	
4　たな卸資産	1,573		1,788	
5　前払費用	5,116		5,458	
6　短期貸付金	6,250		8,850	
7　未収入金	21,578		26,002	
8　繰延税金資産	3,188		2,795	
9　その他	861		989	
10　貸倒引当金	△81		△115	
流動資産合計	129,841	34.6	149,022	37.4
II　固定資産				
1　有形固定資産				
（1）自社有形固定資産				
1　建物及び構築物　　10,641			12,331	
減価償却累計額　　5,012	5,628		4,858　7,473	
2　工具器具備品　　　9,006			8,276	
減価償却累計額　　6,620	2,385		6,543　1,733	
3　土地	3,813		2,506	
4　建設仮勘定	1,169		1,594	
自社有形固定資産合計	12,997	3.5	13,307	3.3
（2）貸与有形固定資産				
1　建物及び構築物　118,297			130,491	
減価償却累計額　49,332	68,964		55,561　74,930	
2　工具器具備品　　51,404			50,701	
減価償却累計額　35,517	15,886		36,885　13,815	
3　土地	1,423		2,201	
貸与有形固定資産合計	86,273	23.0	90,947	22.9
有形固定資産合計	99,271	26.5	104,255	26.2

ローソン連結貸借対照表(BS)-②(続き)

区分	前連結会計年度 (平成18年2月28日)		当連結会計年度 (平成19年2月28日)	
	金額(百万円)	構成比(％)	金額(百万円)	構成比(％)
2　無形固定資産				
(1)ソフトウェア	9,843		12,137	
(2)ソフトウェア仮勘定	5,964		2,648	
(3)連結調整勘定	13		10	
(4)その他	1,451		1,094	
無形固定資産合計	17,272	4.6	15,890	4.0
3　投資その他の資産				
(1)投資有価証券	2,538		2,569	
(2)長期貸付金	20,630		24,379	
(3)長期前払費用	3,125		3,822	
(4)自社差入保証金	15,072		15,034	
(5)貸与差入保証金	74,856		72,869	
(6)繰延税金資産	11,046		11,551	
(7)再評価に係る繰延税金資産	3,330		467	
(8)その他	2,583		2,412	
(9)貸倒引当金	△4,462		△4,018	
投資その他の資産合計	128,720	34.3	129,089	32.4
固定資産合計	245,265	65.4	249,235	62.6
資産合計	375,106	100.0	398,258	100.0

ローソン連結貸借対照表（BS）－③（続き）

区分	前連結会計年度 （平成18年2月28日）		当連結会計年度 （平成19年2月28日）	
	金額（百万円）	構成比（％）	金額（百万円）	構成比（％）
（負債の部）				
Ⅰ　流動負債				
1　買掛金	3,374		4,182	
2　加盟店買掛金	59,795		60,817	
3　加盟店借勘定	3,416		2,757	
4　未払金	13,170		15,805	
5　加盟店未払金	244		212	
6　未払法人税等	10,323		4,754	
7　未払消費税等	927		593	
8　未払費用	2,304		2,395	
9　預り金	44,614		48,754	
10　賞与引当金	2,544		2,626	
11　ポイント引当金	364		500	
12　その他	159		113	
流動負債合計	141,241	37.7	143,513	36.0
Ⅱ　固定負債				
1　退職給付引当金	2,816		3,526	
2　役員退職慰労引当金	317		249	
3　預り保証金	51,336		49,325	
4　長期リース資産減損勘定	140		95	
5　その他	247		2,053	
固定負債合計	54,858	14.6	55,250	13.9
負債合計	196,099	52.3	198,764	49.9

ローソン連結貸借対照表（BS）－④（続き）

区分	前連結会計年度 （平成18年2月28日）		当連結会計年度 （平成19年2月28日）	
	金額（百万円）	構成比（％）	金額（百万円）	構成比（％）
（少数株主持分）				
少数株主持分	3,822	1.0	—	—
（資本の部）				
Ⅰ 資本金	58,506	15.6		
Ⅱ 資本剰余金	41,520	11.1		
Ⅲ 利益剰余金	88,355	23.6		
Ⅳ 土地再評価差額金	△4,854	△1.3		
Ⅴ その他有価証券評価差額金	695	0.2		
Ⅵ 為替換算調整勘定	105	0.0		
Ⅶ 自己株式	△9,144	△2.5		
資本合計	175,184	46.7	—	—
負債、少数株主持分及び資本合計	375,106	100.0		
（純資産の部）				
Ⅰ 株主資本				
1 資本金	—	—	58,506	14.7
2 資本剰余金	—	—	42,253	10.6
3 利益剰余金	—	—	95,344	24.0
4 自己株式	—	—	△738	△0.2
株主資本合計	—	—	195,366	49.1
Ⅱ 評価・換算差額等				
1 その他有価証券評価差額金	—	—	319	0.1
2 土地再評価差額金	—	—	△682	△0.2
3 為替換算調整勘定	—	—	134	0.0
評価・換算差額等合計	—	—	△227	△0.1
Ⅲ 新株予約権	—	—	78	0.0
Ⅳ 少数株主持分	—	—	4,276	1.1
純資産合計	—	—	199,493	50.1
負債純資産合計	—	—	398,258	100.0

ローソン連結損益計算書（PL）-①

区分	前連結会計年度 （自 平成17年3月1日 至 平成18年2月28日）			当連結会計年度 （自 平成18年3月1日 至 平成19年2月28日）		
	金額（百万円）		百分比(%)	金額（百万円）		百分比(%)
Ⅰ 営業収入 　1 加盟店からの収入 　（加盟店からの収入の対象 　となる加盟店売上高は次の 　とおりであります。 　前連結会計年度 　　1,295,704百万円 　当連結会計年度 　　1,311,479百万円 　直営店売上高との合計額は 　次のとおりであります。 　前連結会計年度 　　1,361,731百万円 　当連結会計年度 　　1,386,630百万円）	170,784			174,324		
2 その他の営業収入 Ⅱ 売上高	30,628	201,412	75.1	32,870	207,195	73.2
売上高	(66,645)	66,645	(100.0) 24.9	(75,858)	75,858	(100.0) 26.8
営業総収入合計 Ⅲ 売上原価	(48,296)	268,058 48,296	100.0 (72.5)	(55,370)	283,053 55,370	100.0 (73.0)
売上総利益	(18,348)		(27.5)	(20,487)		(27.0)
営業総利益		219,761	82.0		227,682	80.4

ローソン連結損益計算書(PL)-②(続き)

区分	前連結会計年度 (自 平成17年3月1日 至 平成18年2月28日)			当連結会計年度 (自 平成18年3月1日 至 平成19年2月28日)		
	金額(百万円)		百分比(%)	金額(百万円)		百分比(%)
Ⅳ 販売費及び一般管理費						
1 広告宣伝費	8,812			9,192		
2 営業用消耗品費	1,858			2,593		
3 貸倒引当金繰入額	596			398		
4 ポイント引当金繰入額	364			500		
5 役員報酬	384			523		
6 従業員給与手当	23,749			25,923		
7 従業員賞与	2,751			2,498		
8 賞与引当金繰入額	2,544			2,626		
9 退職給付費用	1,552			1,868		
10 役員退職慰労引当金繰入額	193			71		
11 法定福利・厚生費	4,246			4,375		
12 旅費交通費	2,149			2,298		
13 水道光熱費	1,358			1,518		
14 租税公課	2,118			2,222		
15 地代家賃	51,236			55,318		
16 修繕費	4,513			4,811		
17 動産リース料	16,734			17,475		
18 減価償却費	15,859			16,185		
19 連結調整勘定償却額	1			3		
20 その他	34,868	175,894	65.6	32,761	183,168	64.7
営業利益		43,867	16.4		44,513	15.7

ローソン連結損益計算書(PL)-③(続き)

区分	前連結会計年度 (自 平成17年3月1日 至 平成18年2月28日) 金額(百万円)		百分比 (%)	当連結会計年度 (自 平成18年3月1日 至 平成19年2月28日) 金額(百万円)		百分比 (%)
Ⅴ　営業外収益						
1　受取利息	396			650		
2　受取損害金	163			172		
3　受取立退料	254			403		
4　持分法による投資利益	285			102		
5　その他	524	1,626	0.6	350	1,679	0.6
Ⅵ　営業外費用						
1　支払利息	10			22		
2　店舗解約損	1,290			1,206		
3　その他	252	1,553	0.6	317	1,546	0.5
経常利益		43,940	16.4		44,646	15.8
Ⅶ　特別利益						
1　投資有価証券売却益	988			―		
2　固定資産売却益	24			746		
3　貸倒引当金戻入益	263			311		
4　その他	32	1,308	0.5	230	1,288	0.4
Ⅷ　特別損失						
1　固定資産除却損	3,013			4,638		
2　固定資産売却損	409			90		
3　減損損失	2,708			1,810		
4　システム入替損失	―			2,202		
5　その他	394	6,525	2.5	344	9,086	3.2
税金等調整前当期純利益		38,722	14.4		36,848	13.0
法人税、住民税及び事業税	17,823			12,377		
法人税等調整額	△1,606	16,216	6.0	3,011	15,389	5.4
少数株主利益		480	0.2		476	0.2
当期純利益		22,025	8.2		20,983	7.4

ローソン連結キャッシュ・フロー計算書(CS)－①

区分	前連結会計年度 (自 平成17年3月1日 至 平成18年2月28日) 金額(百万円)	当連結会計年度 (自 平成18年3月1日 至 平成19年2月28日) 金額(百万円)
I 営業活動によるキャッシュ・フロー		
税金等調整前当期純利益	38,722	36,848
有形固定資産減価償却費	15,859	16,185
有形固定資産除却損	1,845	2,880
減損損失	2,708	1,810
無形固定資産償却費	5,034	5,163
無形固定資産除却損	910	254
退職給付引当金の増加額	1,009	710
貸倒引当金の増加額(△減少額)	324	△409
受取利息及び受取配当金	△396	△650
支払利息	10	22
持分法による投資利益	△285	△102
有形固定資産売却損	409	90
有形固定資産売却益	△24	△746
投資有価証券売却益	△988	―
システム入替損失	―	2,202
その他の収益・費用の非資金分(純額)	287	876
売上債権の増加額	△430	△947
たな卸資産の増加額	△196	△215
未収入金の増加額	△2,477	△4,397
仕入債務の増加額	49	1,170
未払金の増加額	394	2,602
預り金の増加額	4,344	4,140
預り保証金の減少額	△998	△2,010
その他の資産及び負債の増減額(純額)	△343	△557
小計	65,768	64,919
利息及び配当金の受取額	392	646
利息の支払額	△10	△22
法人税等の支払額	△19,217	△17,947
営業活動によるキャッシュ・フロー	46,932	47,596

ローソン連結キャッシュ・フロー計算書(CS)－②(続き)

区分	前連結会計年度 (自 平成17年3月1日 至 平成18年2月28日) 金額(百万円)	当連結会計年度 (自 平成18年3月1日 至 平成19年2月28日) 金額(百万円)
Ⅱ 投資活動によるキャッシュ・フロー		
有価証券の取得による支出	△44,709	△57,193
有価証券の償還による収入	33,075	61,850
関係会社株式の新規取得による支出	―	△335
投資有価証券の売却による収入	1,705	185
短期貸付金の増加額	△1,250	△2,600
有形固定資産の取得による支出	△28,630	△28,759
無形固定資産の取得による支出	△9,257	△4,450
差入保証金の減少額(純額)	36	2,024
長期貸付金の増加額(純額)	△3,821	△3,749
長期前払費用の増加額	△1,072	△1,131
その他(純額)	△1,359	2,405
投資活動によるキャッシュ・フロー	△55,282	△31,754
Ⅲ 財務活動によるキャッシュ・フロー		
新株予約権の行使による収入	395	119
自己株式の処分による収入	―	9,020
配当金の支払額	△8,187	△9,822
少数株主への配当金の支払	―	△54
自己株式の取得による支出	△1	△0
財務活動によるキャッシュ・フロー	△7,794	△736
Ⅴ 現金及び現金同等物の増加額(△:減少額)	△16,143	15,106
Ⅵ 現金及び現金同等物の期首残高	76,584	60,440
Ⅶ 現金及び現金同等物の期末残高	60,440	75,547

ドン・キホーテ 有価証券報告書

ドン・キホーテ連結貸借対照表（BS）－①

区分		前連結会計年度 （平成17年6月30日）		当連結会計年度 （平成18年6月30日）	
		金額（百万円）	構成比（％）	金額（百万円）	構成比（％）
（資産の部）					
Ⅰ　流動資産					
1　現金及び預金		15,055		27,792	
2　売掛金		2,311		2,617	
3　たな卸資産		39,447		44,400	
4　前払費用		1,002		1,282	
5　繰延税金資産		1,169		1,576	
6　その他		2,213		2,081	
7　貸倒引当金		△4		△6	
流動資産合計		61,193	40.8	79,742	47.6
Ⅱ　固定資産					
（1）有形固定資産					
1　建物及び構築物	40,312			46,338	
減価償却累計額	7,618			12,684	
減損損失累計額	―	32,694		415	33,239
2　車輌運搬具	54			83	
減価償却累計額	35	19		61	22
3　器具備品	9,479			13,943	
減価償却累計額	4,592			8,726	
減損損失累計額	―	4,887		90	5,127
4　土地		24,316		20,367	
5　建設仮勘定		1,063		12	
有形固定資産合計		62,979	42.0	58,767	35.1
（2）無形固定資産		2,421	1.6	2,460	1.4
（3）投資その他の資産					
1　投資有価証券		6,029		7,285	
2　長期貸付金		876		870	
3　長期前払費用		1,183		1,429	
4　繰延税金資産		82		248	
5　敷金保証金		13,121		14,713	
6　その他		2,169		2,073	
7　貸倒引当金		△5		△53	
投資その他の資産合計		23,455	15.6	26,565	15.9
固定資産合計		88,855	59.2	87,792	52.4
資産合計		150,048	100.0	167,534	100.0

ドン・キホーテ連結貸借対照表(BS)—②(続き)

区分	前連結会計年度 (平成17年6月30日)		当連結会計年度 (平成18年6月30日)	
	金額(百万円)	構成比(%)	金額(百万円)	構成比(%)
(負債の部)				
Ⅰ 流動負債				
1 買掛金	22,671		26,197	
2 短期借入金	125		743	
3 一年内返済予定長期借入金	6,642		5,496	
4 一年内償還予定社債	2,456		4,061	
5 未払費用	1,688		2,764	
6 未払法人税等	3,295		2,649	
7 ポイント引当金	—		45	
8 その他	3,408		4,491	
流動負債合計	40,285	26.9	46,446	27.7
Ⅱ 固定負債				
1 社債	28,884		27,428	
2 転換社債	17,981		9,090	
3 長期借入金	9,120		8,420	
4 役員退職慰労引当金	155		186	
5 負ののれん	—		1,557	
6 その他	1,495		1,666	
固定負債合計	57,635	38.4	48,347	28.9
負債合計	97,920	65.3	94,793	56.6
(資本の部)				
Ⅰ 資本金	9,654	6.4	—	—
Ⅱ 資本剰余金	10,968	7.3	—	—
Ⅲ 利益剰余金	32,346	21.5	—	—
Ⅳ その他有価証券評価差額金	675	0.5	—	—
Ⅴ 自己株式	△1,515	△1.0	—	—
資本合計	52,128	34.7	—	—
負債及び資本合計	150,048	100.0	—	—

ドン・キホーテ連結貸借対照表（BS）-③（続き）

区分	前連結会計年度 （平成17年6月30日） 金額（百万円）	構成比 （％）	当連結会計年度 （平成18年6月30日） 金額（百万円）	構成比 （％）
（純資産の部）				
Ⅰ　株主資本				
1　資本金	―	―	14,360	8.6
2　資本剰余金	―	―	15,672	9.3
3　利益剰余金	―	―	42,175	25.1
4　自己株式	―	―	△143	△0.0
株主資本合計			72,064	43.0
Ⅱ　評価・換算差額等				
1　その他有価証券評価差額金	―	―	498	0.3
2　為替換算調整勘定	―	―	13	0.0
評価・換算差額等合計			511	0.3
Ⅲ　少数株主持分	―	―	166	0.1
純資産合計			72,741	43.4
負債純資産合計	―	―	167,534	100.0

ドン・キホーテ連結損益計算書(PL)-①

区分		前連結会計年度 (自 平成16年7月1日 至 平成17年6月30日)		当連結会計年度 (自 平成17年7月1日 至 平成18年6月30日)	
		金額(百万円)	構成比(%)	金額(百万円)	構成比(%)
Ⅰ 売上高		232,778	100.0	260,779	100.0
Ⅱ 売上原価		179,330	77.0	200,425	76.9
売上総利益		53,448	23.0	60,354	23.1
Ⅲ 販売費及び一般管理費		42,634	18.4	48,500	18.6
営業利益		10,814	4.6	11,854	4.5
Ⅳ 営業外収益					
1 受取利息	115			181	
2 受取配当金	129			194	
3 投資有価証券売却益	233			305	
4 匿名組合投資収益	290			301	
5 情報機器使用料	1,252			1,320	
6 負ののれん償却額	—			490	
7 その他	705	2,724	1.2	541	3,332	1.3
Ⅴ 営業外費用					
1 支払利息	262			220	
2 社債利息	141			298	
3 社債保証料	51			54	
4 新株発行費	19			53	
5 社債発行費	163			13	
6 投資有価証券売却損	4			55	
7 デリバティブ損失	42			—	
8 持分法による投資損失	—			94	
9 その他	15	697	0.3	3	790	0.3
経常利益		12,841	5.5	14,396	5.5
Ⅵ 特別利益					
1 固定資産売却益	—			75	
2 関係会社株式売却益	—			4,592	
3 保険解約返戻金収入	358			49	
4 持分変動利益	63	421	0.2	194	4,910	1.9
Ⅶ 特別損失					
1 固定資産除却損	115			88	
2 店舗撤退損失	66			195	
3 減損損失	—			1,194	

ドン・キホーテ連結損益計算書(PL)-②(続き)

区分	前連結会計年度 (自 平成16年7月1日 至 平成17年6月30日)			当連結会計年度 (自 平成17年7月1日 至 平成18年6月30日)		
	金額(百万円)		百分比(％)	金額(百万円)		百分比(％)
4 火災関連損失	266			―		
5 過年度租税公課	125			―		
6 その他	―	572	0.2	21	1,498	0.6
税金等調整前当期純利益		12,690	5.5		17,808	6.8
法人税,住民税及び事業税	5,742			8,677		
法人税等調整額	△188	5,554	2.4	△1,594	7,083	2.7
少数株主損失		27	0.0		―	―
当期純利益		7,163	3.1		10,725	4.1

ドン・キホーテ連結キャッシュ・フロー計算書(CS)－①

区分	前連結会計年度 (自 平成16年7月1日 至 平成17年6月30日) 金額(百万円)	当連結会計年度 (自 平成17年7月1日 至 平成18年6月30日) 金額(百万円)
Ⅰ 営業活動によるキャッシュ・フロー		
税金等調整前当期純利益	12,690	17,808
減価償却費(長期前払費用償却含む)	4,441	4,740
減損損失	―	1,194
負ののれん償却額	―	△452
貸倒引当金の増加額	3	51
役員退職慰労引当金の増加額	12	31
ポイント引当金の増加額	―	45
受取利息及び受取配当金	△244	△375
持分法による投資損失	―	94
持分変動利益	△63	△194
匿名組合投資収益	△290	△301
支払利息(社債利息・社債保証料を含む)	454	571
為替差損益	△0	―
デリバティブ損失	42	―
投資有価証券売却損益(益:△)	△229	△250
関係会社株式売却益	―	△4,592
有形固定資産除売却損益	115	13
店舗撤退損失	66	195
保険解約返戻金収入	△358	△49
火災関連損失	97	―
敷金保証金の賃料相殺	566	686
売上債権の増加額	△294	△306
たな卸資産の増加額	△4,333	△3,693
その他の流動資産の増減額	△1,124	144
仕入債務の増加額	2,307	2,213
その他の流動負債の増加額	275	2,392
その他の固定負債の増加額	188	214
その他	―	△28
小計	14,321	20,151

ドン・キホーテ連結キャッシュ・フロー計算書（CS）－②（続き）

区分	前連結会計年度 （自　平成16年7月1日 至　平成17年6月30日） 金額（百万円）	当連結会計年度 （自　平成17年7月1日 至　平成18年6月30日） 金額（百万円）
利息及び配当金の受取額	47	293
利息の支払額	△381	△570
法人税等の支払額	△5,556	△9,447
営業活動によるキャッシュ・フロー	8,431	10,427
Ⅱ　投資活動によるキャッシュ・フロー		
有形固定資産の取得による支出	△11,685	△6,760
有形固定資産の売却による収入	8	8,942
無形固定資産の取得による支出	△1,053	△440
貸付金の純増減	296	
敷金保証金の差入による支出	△3,598	△4,305
敷金保証金の返戻による収入	2,118	3,365
出店仮勘定の差入による支出	△1,097	―
保険積立金の積立による支出	△271	
保険積立金の返戻による収入	623	
投資有価証券の取得による支出	△1,291	△1,422
投資有価証券の売却による収入	1,213	750
連結の範囲の変更を伴う子会社株式の取得による支出	―	△5,328
持分法適用会社の株式取得による支出	―	△14,903
関係会社株式の売却による収入	―	24,374
関係会社株式取得による支出	△105	―
匿名組合への出資による支出	―	△440
匿名組合への出資の払戻し	―	99
その他投資支出	△108	△1,862
投資活動によるキャッシュ・フロー	△14,950	2,070

ドン・キホーテ連結キャッシュ・フロー計算書(CS)-③(続き)

区分	前連結会計年度 (自　平成16年7月1日 至　平成17年6月30日) 金額(百万円)	当連結会計年度 (自　平成17年7月1日 至　平成18年6月30日) 金額(百万円)
Ⅲ　財務活動によるキャッシュ・フロー		
短期借入れによる収入	15,124	―
短期借入金の返済による支出	△15,848	―
短期借入金の純増減	―	743
コマーシャルペーパーの発行による収入	30,000	―
コマーシャルペーパーの償還による支出	△40,000	―
コマーシャルペーパーの純増減	―	―
長期借入れによる収入	9,000	5,000
長期借入金の返済による支出	△6,282	△6,971
社債の発行による収入	23,000	2,500
社債の償還による支出	△760	△2,456
リース債務の支払による支出	△46	△48
株式の発行による収入	608	983
自己株式の取得による支出	△1,502	△9
自己株式の売却による収入	―	1,354
配当金の支払額	△625	△869
財務活動によるキャッシュ・フロー	12,669	227
Ⅳ　現金及び現金同等物に関わる換算差額	1	13
Ⅴ　現金及び現金同等物の増加額	6,151	12,737
Ⅵ　現金及び現金同等物期首残高	8,904	15,055
Ⅶ　現金及び現金同等物期末残高	15,055	27,792

［著者］

國貞克則（くにさだ・かつのり）

経営コンサルタント。
1961年生まれ。東北大学工学部精密工学科卒業後、神戸製鋼所入社。海外プラント輸出、人事、企画などを経て、96年米国クレアモント大学ピーター・ドラッカー経営大学院でMBA取得。2001年、ボナ・ヴィータ・コーポレーションを設立し、中小企業を中心としたコンサルティングと、日経ビジネススクール、大手ビジネスチャンネルズ、みずほ総合研究所など、ビジネスパーソンを対象とした、経営の講義を行なっている。
主な著書に『財務3表一体理解法』（朝日新書）、『あらすじ キャッシュ・フロー』（日本経済新聞社）がある。

國貞図解版「財務3表のつながり」でわかる会計の勘所

2007年11月15日 第1刷発行

著 者――――國貞克則
発行所――――ダイヤモンド社
　　　　　　〒150-8409 東京都渋谷区神宮前6-12-17
　　　　　　http://www.diamond.co.jp/
　　　　　　電話／03-5778-7234（編集）03-5778-7240（販売）
装 丁――――渡邊民人（TYPE FACE）
カバーイラスト――高木活千
本文デザイン・DTP――弥富瑞紀（TYPE FACE）
編集協力――安藤柾樹（クロロス）
製作進行――ダイヤモンド・グラフィック社
印刷――――勇進印刷（本文）・穂蕾昌高印刷（カバー）
製本――――ブックアート
編集担当――石田尾孟（ishida@diamond.co.jp）

©2007 Katsunori Kunisada
ISBN 978-4-478-00297-1

落丁・乱丁本はお手数ですが小社営業局宛にお送りください。送料小社負担にてお取替えいたします。但し、古書店で購入されたものについてはお取替えできません。
無断転載・複製を禁ず

Printed in Japan